世界のトップを
10秒で
納得させる
資料
の法則

三木雄信
ジャパン・フラッグシップ・プロジェクト株式会社
代表取締役社長

東洋経済新報社

「3日間で経営の要素を1万ピックアップしろ」

私がソフトバンクに転職したのは1998年、25歳の時だった。孫社長のカバン持ちとして、孫社長が行くところにはどこにでもついていく。それが私の役回り、のはずだった。しかし、入社して最初の仕事はカバン持ちだけではなかった。資料作成が私に与えられた最初のミッションだったのだ。

孫社長は、入社間もない私にこう言い放った。

「経営についてのすべての要素を1万挙げろ」

1万という要求もすごいが、もっと驚いたのが与えられた期間である。私に許された時間はわずか3日。単純計算で1日3333件だ。72時間以内に、私は経営についての1万件にもおよぶ要素をピックアップしなければならなくなった。

これが、ソフトバンク入社後、私に訪れた最初の試練である。

しかし、1万もの要素を社会人になりたてといっても差し支えない25歳の若造がそう簡単に思いつけるはずがない。とはいえ、とにかくやるしかないと、私は机に向かうと思いつくままにどんどん経営の要素を書き出していった。

とにかく頭に浮かんだものをすぐに書き留めていったが、それが可能だったのもせいぜい500要素までだ。そこまで来ると、もう何一つ出てこない。まるで、頭がカラカラの雑巾になったようだ。何も絞り出せないのである。

「まずい」

これでは、転職早々「使えないやつ」の烙印を押されてしまう。しかし、どうにもこうにも思いつかない。夜になっても遅々として作業は進まず、私は心底、途方にくれてしまった。

必要なのは「構造化」だった

さて、このピンチを私はどのようにくぐり抜けたのか。

冷や汗をかきながら悩んだ末に、「ただ思いつくままに書いてもダメだ」とようやく悟った私が出した結論はこうだ。

3日間で、1万もの要素を抽出するのは容易なことではない。1万語挙げるという作業は、「経営辞典」を作るのと同じだ。自分の頭の中にある要素を並べていくだけでは到底実現できっこない。

必要なのは「構造化」だ。

そう気づいた私は、まず経営に関する大項目として、10の分野をピックアップした。例えば、「競争戦略」「財務」「経理」「組織」などだ。

そして、10の分野のそれぞれに対して10の中項目を立てた。10×10＝100。よし、これで100の項目ができる。

そして、中項目のそれぞれに対して、さらに100の要素を入れることにした。10×10×100＝10000。

こうして、私は3日で1万の経営要素を孫社長に提出することができたのだ。

それからしばらく孫社長は、私が作成した1万要素をプリントアウトした数十ページにもおよぶ資料をいつも持ち歩いていた。おそらく経営のすべての要素について常にチェックをして、優先順位づけや策を考えていたのだろう。

ソフトバンクの強さとは、日頃からのこうした細かなチェックに支えられているのだと私は感心すると同時に、この会社での資料作成のコツのようなものを少し体得できた気がした。

数字勘を磨け！

しかし、現実はそう甘くなかった。次から次に、私には試練が降りかかった。

とにかく、資料作りに対する孫社長のこだわりは並大抵のものではない。「正しい数字を見ていれば正しい判断ができる」。これが、孫社長の発想だ。正しい数字がその裏づけとともに適切に記載されている資料が問題解決には必須、という発想なのだ。

社員は常に、予測値を想定した上で数字を見るようにと求められた。とりわけ、社長室長の私への要求水準は高かった。いま思い出しても、情け容赦なかった。よく耐えて乗り越えたと自分を褒めたい。

例えば、商談の結果を報告するとしよう。ただ、「こうなりました」という報告などもってのほかだ。「検討する」で終わり、次にどうするかの指針がない社内稟議も論外だ。すぐに孫社長に切って捨てられる。私はずいぶんと切り捨てられた。

ありがちな「経験」の出番など一切ない。少しでも漠然とした箇所があれば、容赦なく指摘された。凄いなと感じたのは、指摘された箇所は確かに自分がぼかしていた部分だったことだ。孫社長に「ぼかす」などという行為は通用しないのだと肝に銘じた。売上報告書でも、企画書でも、プレゼンテーションでも、曖昧な定義、曖昧な単位、曖昧な解釈は許されなかった。

また、どんなに本質的な資料であっても、見てすぐに理解できる資料でなければ、孫社長には一顧だにされなかった。提出してはみたものの、すぐに目をそらされた資料がいったいどれだけあったことだろう。思い返すと、いまでも顔から火が出るほど恥ずかしい。若造だったとはいえ、ずいぶんとひどい資料を作っていたものだ。

秒刻みのスケジュールに追われ、資料にじっくりと目を通すひまなどない孫社長に提出する資料は、伝えたいことが即座にわかるものであることが必須条件だった。資料を読んでもらうのに許された時間は10秒だ。パッと見て内容がつかめるか。本質を把握できるか。勝負はわずか10秒で決まる。

これは決して、経営幹部限定の話ではない。

資料作成に関しては、誰もがみな千本ノックのような形で鍛えられる。孫社長と同じように「数字を見る力」を養い、短い時間で相手を納得させる資料の見せ方やプレゼンテーション力を身につけるよう求められた。

だから、気がつけばソフトバンクではみな、当たり前のようにソフトバンク流の資料作成手法を自分のものとし、日々の仕事をこなしていく。私もそうだ。いつのまにか、資料作成ノウハウがすっかり自分の血となり肉となっていた。自分でもびっくりだ。

資料作成に対する基本的な考えを身につけ、コツをつかみ、場数を踏んでいくうちに、誰もが実態を映し出す数字を冷静に見つめ、データから問題点を探り、資料を作成するようになる。そして、仮説を立て検証をし、その結果を次に生かしていく。

そう、ソフトバンクの凄さ、強さの源はここにあるのだ。

どんな会社にも、どんな人にも応用できる

本書は、このように孫社長から投げかけられた課題に対応するため、私が編み出したり、孫社長から直接言われて身につけた資料作成術をまとめている。

当時の私は25歳の若者だったし、ソフトバンクも大企業ではなかった。したがって、この資料作成術は誰もが活用できるし、どのような会社でも活用できるものとなっている。その気になれば誰でもマスターできる。極めて応用範囲が広い資料作成術だと私は自信を持って断言できる。

というのも、一つひとつの資料作成術は難しいものでも何でもないからだ。会社の規模や歴史、業種・業態も一切問わない。年齢やキャリアも関係ない。事実、最初のうちは孫

社長に怒られまくっていた若造の私も、このソフトバンク流の資料作成術をマスターし、以後、さまざまなケースに応用し、成果をあげることができた。

例えば、インターネット広告代理店のアドウェイズは、この手法を末端にまで浸透させた結果、低迷していた業績が回復し、赤字を脱却。株価はみるみるうちに10倍に膨れ上がった。

民間の会社ばかりではない。

私が現在、理事を務めている日本年金機構の年金相談窓口の待ち時間やコールセンターの応答率も大幅に改善している。社会保険庁が衣替えした組織である日本年金機構の応答率の低さは、一時社会問題化していたが、問題点を明らかにする資料を作成することで、改善すべき内容が明確になった。

その結果、応答率は格段にアップしている。いまでは、「年金相談窓口にいくら電話をしてもつながらない」という不満を耳にすることは減っていると思う。それも、ソフトバンク流資料作成術の成果だ。

このように、ソフトバンク流の資料作成術を導入し、自分たちのものとして活用すれば、問題点が判明し、次に何をすべきかが明確になる。それがわかればしめたものだ。業績は確実に上がる。

つまり、あなたの会社もソフトバンクのようになれるということだ。業績を飛躍的に上げ、会社を成長ステージへと導く。それは実現可能な未来である。

悪い見本、良い見本

この本では、10種類の資料を取り上げた。業務処理報告書から売上報告書、会議議事録、企画書に至るまで、作成頻度が高い資料や、作成ノウハウを知っておくと有益な資料を取り混ぜている。

そして、そのほとんどのケースで悪い見本とその問題点を挙げた後、ソフトバンク流の資料の見本と考え方を紹介した。読んでいただければ、悪い見本は、本質を何ら浮き彫りにしない、曖昧でぼんやりとした資料であることがおわかりいただけると思う。こうした資料は得るところがないだけの人畜無害な資料に見えて、実はもっとたちが悪い。問題点を覆い隠し、問題解決を先延ばしにしてしまうからだ。

一方、ソフトバンク流の資料では、曖昧さは許されない。実態を鮮明に映し出すので、問題点が明白になる。言い換えれば、自分が見たくない姿、受け止めたくない現実をクリアにする容赦ないシビアな資料だ。

だが、問題点がわかるということは解決策、改善策を打てるということ。明らかになった問題点を解決する仮説を立て検証していけばいいのである。

もちろん、仕事の上で作成しなければならない資料は、ここで取り上げた10種類にはとどまらない。もっと多種多様な資料を随時、作成していかなければならないはずだ。

ただし、どんな資料を作成しても肝心要のポイントに変わりはない。曖昧な表現を排して、定義をはっきりとさせること。事実を事実として認め、問題の本質を数字の上から明らかにし、改善点へとつなげていくこと。

そうした資料作成の本質を理解し行動に移しさえすれば、解決できない問題などない。問題は必ず乗り越えられる。

トラディショナルな企業も、新興企業も、そしてこれから起業しようと考えている人も、すべての人に役立つソフトバンク流資料作成の考え方を、まずは10種類の資料から身につけてほしい。若造で、資料作成の劣等生だった私にもできたのだ。難しくはない。決して不可能な道ではない。誰もが必ず資料作成の優等生に変身し、成果をあげられるようになる。そう保証しよう。

２０１５年３月

三木雄信

はじめに

ケーススタディ 1 業務処理報告書

群管理でボトルネックを見つけ出す

ケーススタディ 2 売上報告書

「上から目線」で経営の実態をあらわにする

ケーススタディ 4

プロジェクトマネジメント型会議議事録

A4判1枚にひと目でわかる「構造」を作る

ケーススタディ 5 プロジェクトマネジメントシート

工程を担当者単位でシンプルに管理する

ケーススタディ 6 パレート図

数個の要因を取り除けば8割の問題が解決する

ケーススタディ 9 プレゼンテーション

数字の裏づけがある「ワンメッセージ・ワンイメージ」

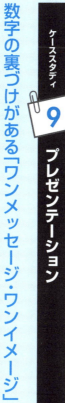

ケーススタディ 10 企画書

A4判1枚に結論から書き、数字の表現にこだわる

特別付録

資料作成のツボ

資料の準備・構成から各種グラフの作り方まで

装幀▼石間 淳　本文デザイン・図版作成▼佐藤睦美

ケーススタディ 1

業務処理報告書

群管理で
ボトルネックを見つけ出す

「群管理」を学ぼう

ケーススタディ1では、「群管理」の手法を取り上げよう。

「群管理」という言葉を耳にしたことがまったくない、という方も多いと思うので、最初に言葉の定義を簡単に説明すると、「群管理」とは、ある連続した一連の業務を週や月などの時間の単位で区切り、その一単位ごとを「群」として管理する手法を言う。製造業で、製品を製造ロットごとに管理する手法を、サービス業や業務オペレーションに適用した考え方だ。

ここでは、モデルとして英会話学習塾を取り上げて、「群管理」の有効性を見ていきたい。この英会話学習塾は、新規の生徒を増やそうと最近、チラシをまいたところ、順調に問い合わせ件数が増え、申込者の数も伸びてきた。

しかし、なぜか売上実績にはつながらない。報告書だけを見ていると、表面的には問題がないように思えるのに、どうしても数字には結びつかない。売上が伸びて当然なのに、なぜだか原因がつかめない。いったいこれはどうしてなのか――。

この謎は、「群管理」の手法を使えば、すぐに解明できる。

図表1-1

申し込み状況の推移（件数）

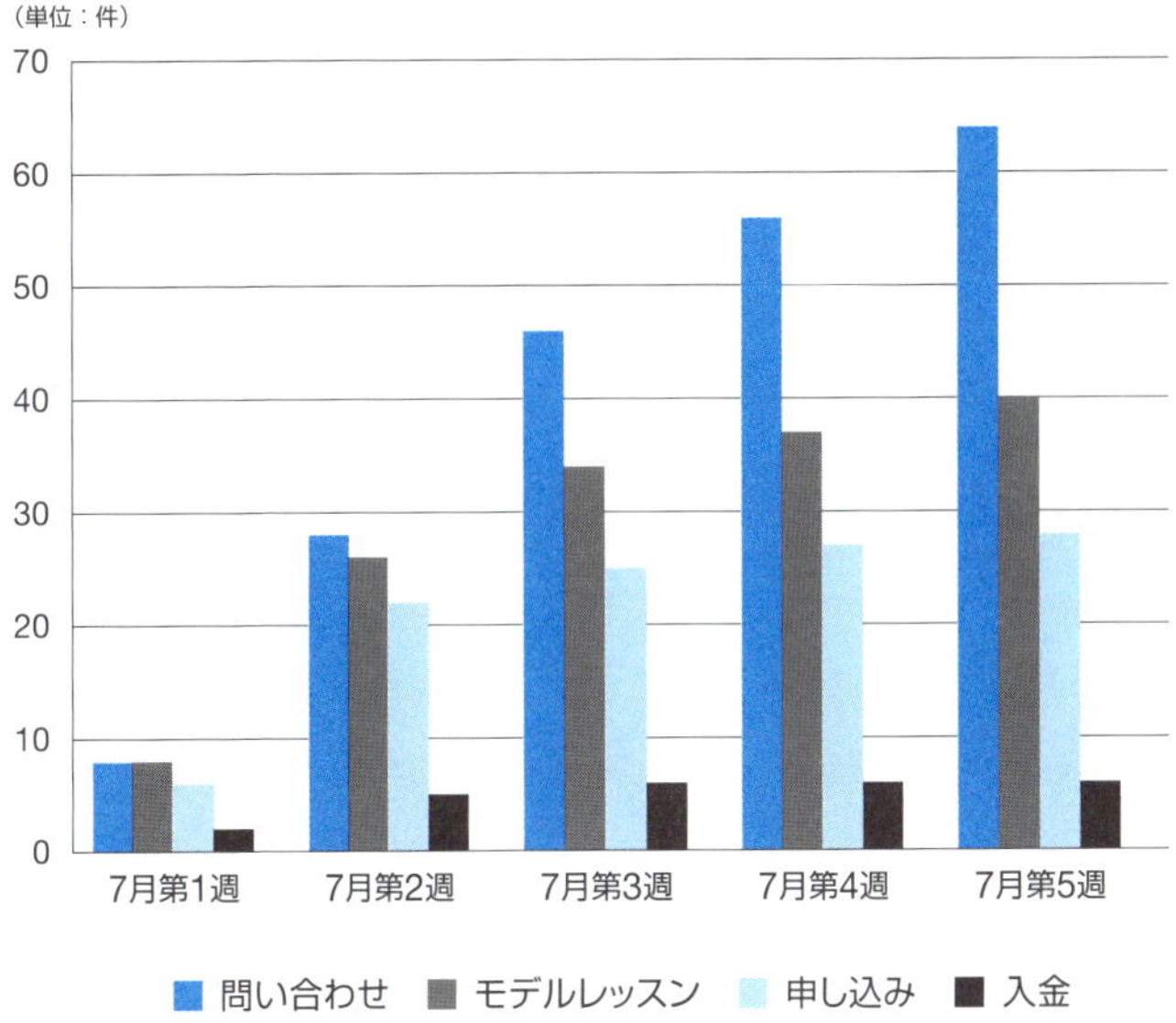

図表1－1を見てほしい。これは、英会話学習塾への申し込み状況を週別に報告した業務処理報告書だ。

この英会話学習塾が対象としているのは、子どもから大人、シニアまでの幅広い層。チラシやWebなどを見て興味を持つと塾に問い合わせを入れ、まず無料のモデルレッスンを体験する。ここで授業の進め方や先生の指導力などを確認した上で、納得すれば生徒は申し込みを済ませ、授業料を払い込み、入塾を決定、授業の開始となる。そこで、この報告書でも申込者のステータスを、問い合わせ、モデルレッスン、申し込み、入金の4つに分けて、週ごとの件数を表している。

見たところ、よくある報告書だ。特に不備はなく感じるかもしれない。

だが、実際には売上は伸びていなかった。このグラフには特大の欠陥があることにお気づきだろうか。申し込み状況の推移を見る上では、致命的な問題点がある。だから、売上実績につながらない原因を探ることができないのだ。

その欠陥とは何か。申し込み状況を前の週の数字が含まれる累積ベースで報告していることだ。図表1－1の各週の数字とは、実はその週に発生した数だけをピックアップしたものではない。前の週の数字を足しあわせた累積の数字だ。そのため、実態が見えなくなっているのである。

累積棒グラフでは本質がつかめない

この英会話学習塾では入塾者を募るために7月の第1週にチラシをまいた。図表1－1は、そこからの申し込み状況の推移を累積で棒グラフ化したものだ。

ご覧のように、チラシの効果はてきめんだったといえるだろう。第1週には8件しかなかった問い合わせ数が、第2週には28件にまで増え、モデルレッスンを終え、申し込みまで至った人の数は20人以上。入金まで済ませた人はまだ5人だが、次の週には入金のステータスに達する人はさらに増えるであろうと期待させる。

しかし、第3週の入金者はほとんど増えていない。それどころか、申込者の数も横ばいだ。問い合わせ数は、チラシ配布直後の第2週には及ばないものの、18件増と高い数字を記録しているから、チラシの効果が確実に出ていることは間違いない。

にもかかわらず、売上という面で考えると、期待はずれなのだ。

7月の第4週、第5週も問い合わせはまだ増えているように見える。問い合わせ件数は累計で第4週には56件、第5週には64件にまで増えた。

だが、モデルレッスンを済ませている人は40人にとどまり、授業料を払い込んだ人となると、6人のみ。売上にはほとんど結びついていない。

このグラフを見て、「単に時差があるだけ」とか「チラシの効果は出ているし、モデルレッスン体験者も増えているから、そのうち契約に至り、入金を済ませる人も増えてくるだろう」という見方を取るとしたら、楽観的すぎる。

実態はもっとシビアだ。非常に深刻な問題が起きている。時間が経てばそのうち入金に至るのだろうという考えは、現実無視の甘い見方であり、問題の本質を見ようとしていない。本質に迫るには、ステータス別の棒グラフ化にとどまらず、週ごとのステータス別件数や構成比がわかる積み上げ棒グラフを作成し、時系列で変化を見なければならない。

「群」の内数を時系列変化で見る

この英会話学習塾の問題点を探るために作成したのが**図表1－2と30ページの図表1－3**だ。

図表1－2は申し込み状況を週ごとにパーセンテージで、図表1－3は件数で表した。図表1－2は、ステータス別の構成比がわかりやすいように作成している。週ごとに問い合わせがあった人の数を100として、そのうち何％の人がモデルレッスンを体験しているのか、入金はしていないが申し込みだけは済ませた人が全体のどれぐらいを占めているのか、晴れて入金を済ませた人が何％いるのかを明らかにした。

図表1－2と図表1－3のポイントは、累積ではなく、「週」というくくりの中でステータスごとの状況がわかるようにしたことだ。図表1－1は、申し込み件数や入金済みの件数などを単純に足していった累積のグラフ。これに対して、図表1－2と図表1－3は

図表1-2

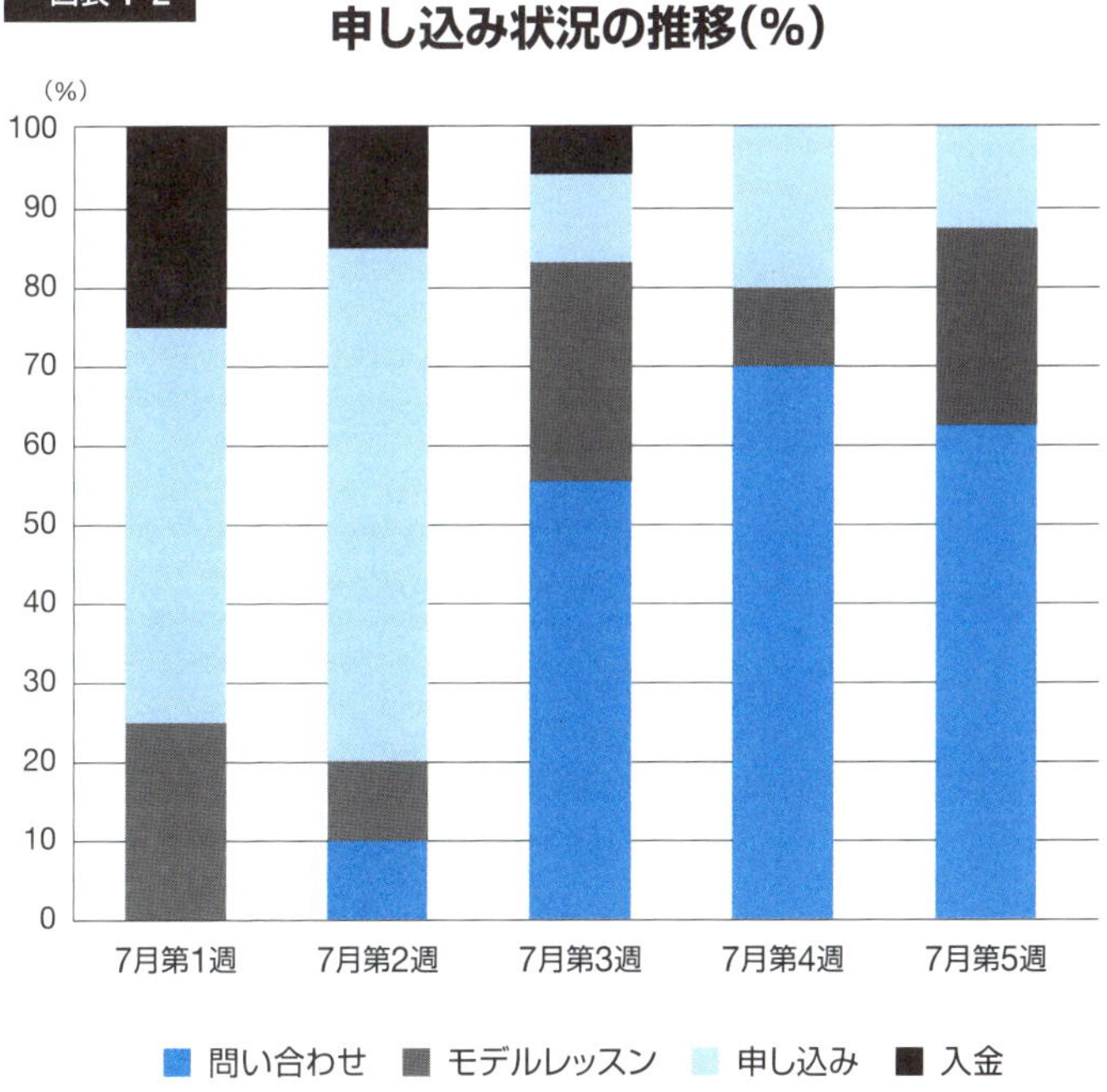

(注:週ごとに問い合わせがあった人の数を100として、その週におけるステータス別の構成比を表示)

1週間の中での動きを明確に表したグラフだ。つまり、「週」という単位で実態を見ている。これが、「群管理」という手法だ。

図表1-2を見れば、7月第1週に問い合わせをしてきた人のうち、25%の人がモデルレッスンどまりであることがおわかりいただけるだろう。モデルレッスンを経て、申し込み手続きどまりの人は全体の50%、入金に至った

図表1-3

申し込み状況の推移(件数)

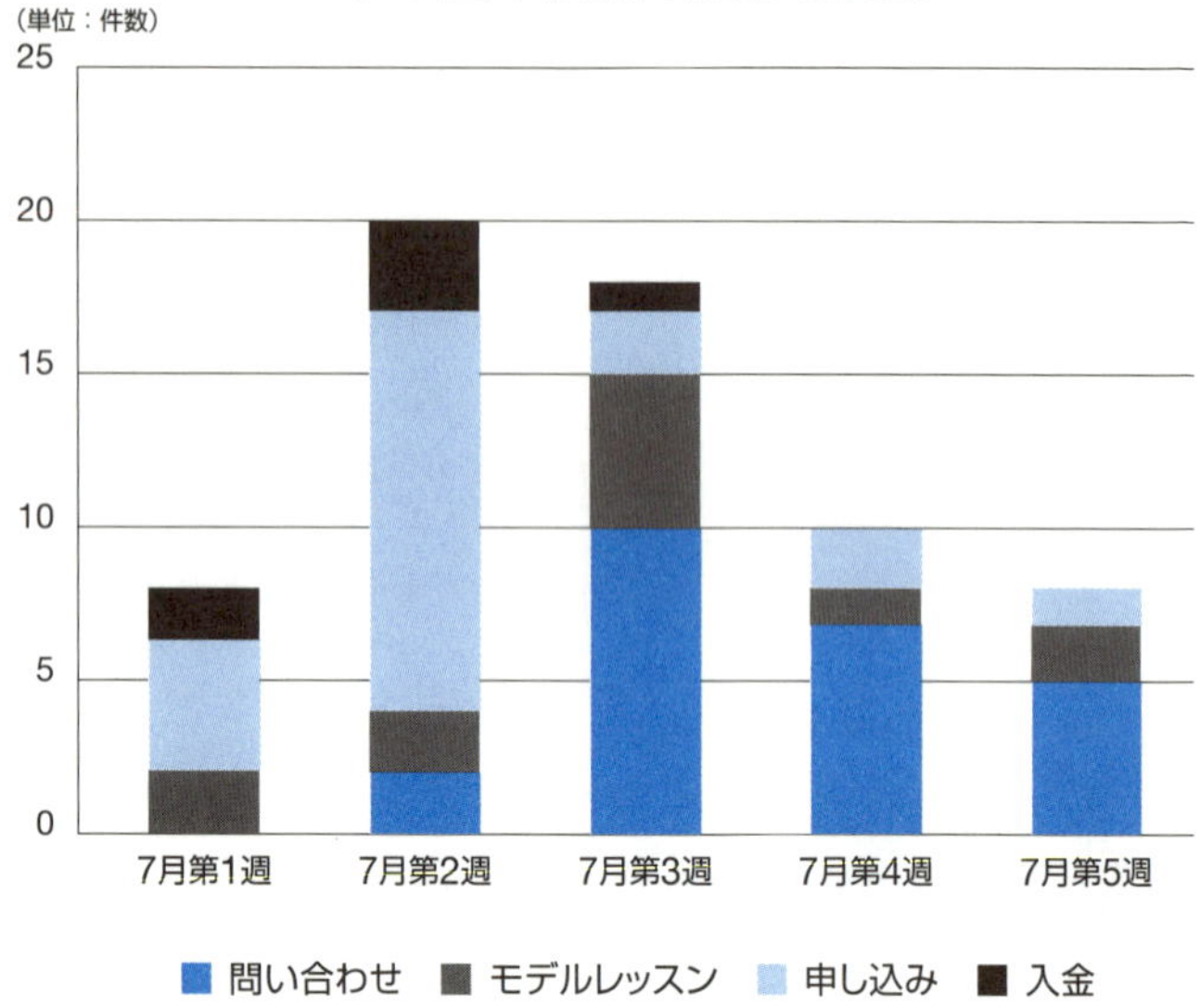

人は25%。問い合わせ者の4分の3がこの英会話学習塾への入塾申し込みをしている。悪くない数字である。これを「第1週群」と呼ぶ。

次に、チラシを配布した翌週の7月第2週群に目を移してみよう。

第1週には、問い合わせをしただけでモデルレッスンを体験していない人はゼロだったが、第2週になると、問い合わせどまりの人が全体の10%を占めるようになる。モデルレッスンどまりの人も同じく10%を占めるが、問い合わせからモデルレッスン・申し込みまでの3つのステータスを完了した人は65%に上り、さらに入金まで完了した人を加えると80%に達する。業務は順調に流れているといえるだろう。

しかし、7月第3週群を見ると、異変が起きていることに気づくはずだ。問い合わせはしたものの、申し込みはおろか、モデルレッスンの体験も済ませていない人の数が全体の半数を超えてしまっている。これでは、売上につながるはずがない。

第4週群になると、さらに悲惨な状況が浮き彫りになる。問い合わせどまりの人の数はなんと70%。モデルレッスンまでの体験者はわずか10%どまりで、入金者に至ってはゼロ。つまり、この週の売上は皆無ということだ。

第5週群になるとやや持ち直して、モデルレッスンまでの体験者の比率が増えるものの、それでもわずか25%。相変わらず、入金を済ませた人はゼロのままだ。

いったい7月第2週から第3週にかけて、何が起きてしまったのか。どうして問い合わせだけで終わってしまった人がこんなにも多いのか。その原因を究明しない限り、売上を伸ばすことは難しい。

つまり、累積ベースの図表1-1ではぼんやりとしか見えなかった実態が、図表1-2と図表1-3によって鮮明に見えてきたわけだ。これも、「週」というくくりで数字を見直したおかげである。群別の業務処理報告書は、ありのままの現実の姿をクリアに見せる

「メガネ」のような役割を果たしていると考えるといいだろう。

ボトルネックは教師の数にあった

結論からいえば、モデルレッスンを申し込まず、問い合わせだけにとどまっている人の数がこんなにも多いのは、モデルレッスンの枠が少ないことに問題があった。レッスンを担当する教師が一人減ってしまっていたため、モデルレッスンを申し込もうとしても日程が合わず、レッスン体験を諦めざるを得ない人を増やしてしまっていたのである。

考えてみてほしい。

「モデルレッスン体験者募集！」とあるチラシを見て、英会話学習塾に興味を持ち、せっかく電話をかけてレッスンを申し込もうとしたのに、自分のスケジュールに合うモデルレッスンの枠がなかったとしたら、「この英会話学習塾は使えないな」と思わないだろうか。生徒の意欲をそぐような態勢では、入塾しても英会話の力が伸びるとは到底思えない。先生をうまく集められないようだから、もしかしたら経営不振なのかもしれない。問い合わせをして、そんな疑問を抱く人がいたとしても不思議ではない。

要するに、わざわざ電話をかける、あるいはWebで申し込むという具体的なアクションを取った潜在的な顧客に対して、十分なモデルレッスン枠を用意しておかなかった英会話学習塾側の不備が、売上の低下を招いたのだ。この状況のまま進めば、60％ほどの人はモデルレッスンを受けることができず、もし他社がキャンペーンを展開したら、そちらに決めてしまう可能性が高い。

問い合わせをしてきた人は、英会話に関心があり、その塾に興味を持った有望客だ。モデルレッスンを受ければ、申し込みの確率は高まったはず。にもかかわらず、この塾はチャンスを生かしきれなかった。

だが、週群別のグラフを作成し、問題が判明したことで、この英会話学習塾では急きょ、教師に残業してもらうか、本部からネイティブ教師を派遣してもらい、モデルレッスンの枠を増やす対策を講じることができた。何が問題なのかがわかったからこそ「人員補強」という形で、問題解消に向かうことが可能になったのだ。

問い合わせをしてきた人の意志や興味を無駄にすることなく、先方の希望に応じて1週間以内にモデルレッスンを設定した結果、レッスン後に塾への申し込み手続きを取る人が増え、いまではこの塾の入金は順調に増えている。売上を阻んでいたボトルネックを解消したことで、新規獲得者の数は2倍弱にまで増えそうだ。

累積は問題を内包する

図表1－1と図表1－2、図表1－3は、同じ数字をベースにしたグラフである。にもかかわらず、図表1－1では問題が浮き彫りにならず、図表1－2や図表1－3によって、初めて問題を把握することができた。

なぜかといえば、累積は問題を内包してしまうからだ。問い合わせ、モデルレッスン、申し込み、入金のステータスごとの件数を積み上げた累積型の棒グラフでは、新しい週でどんな問題が発生しているかを読み取ることはできない。

第1週、第2週ではモデルレッスンを担当する教師の数が足りていたのに、第3週では足りなくなった——。こうした問題点は、累積の場合、うまくいっているときの数字が含まれてしまうため、ひと目ではわからない。これは怖い。累積の負のマジックだ。

真実を見るための方法は、累積のマジックを起こさせないこと。これに尽きる。時間的な流れの中で業務を処理する場合には、ある週に起きていることだけを取り出した群管理が不可欠だ。これは、いくつかの工程を経てオペレーションを処理していく業務において、もっとも大事なことの一つである。

単なる業務の処理件数を羅列するのではなく、時間的なフローを考慮した上で、業務のボトルネックを発見しなければ、問題解決には至らない。累積ベースの報告書があってもいいが、それだけでは不十分だ。累積の資料だけで終わっていたら、いまこの瞬間にうまくいっているのか、それともうまくいっていないのかは絶対にわからない。

モノ作りだけではなくサービスにも応用できる

群管理という手法は、経営手法の一環である。いくつかの工程を経て作業を完了させるときのボトルネック発見に非常に効果がある手法だ。

わかりやすい例として、自動車工場を挙げてみよう。

工場では、鋼鉄の板からシャーシを作り、ボディを作って、ハンドルを付け、塗装を済ませて出荷に至る。本当はもっと細かい工程があるが、主だったところを取り出すとこうなる。

どの工程にボトルネックがあるのかを明らかにするためには、それぞれの工程を時系列で分析することが必要となる。そのために、第1週、第2週と週ごとの内訳をピックアップする。これが群管理だ。

シャーシのラインに問題があるのか、あるいはハンドルの取り付けがうまくいっていないのか、塗装の工程にトラブルが発生しているのか。どの工程で問題があるのかを発見せずに放置しておくと、生産量はさらに落ちる。問題がいくつも重なって、やがて致命傷となる事態を引き起こすかもしれない。

ボトルネックが解消されないままでも、最初は余剰生産力でなんとかカバーできるかもしれないが、それも長くは続かないはずだ。やがては行き詰まっていく。

しかし、早めに問題点をつかめれば解決も早い。大きなトラブルを回避できる。

この群管理の手法は、自動車の生産のようなモノを生み出すプロセスではごく一般的に用いられるが、先に取り上げた英会話学習塾への申し込みといった、物理的なモノがからまないサービスのプロセスにも応用できることはぜひ知っておいてほしい。

サービスにも歩留まりの感覚を持て

ここで、群管理による業務処理報告書の表現のポイントを一覧にまとめてみよう。

意外に見落としがちなのが、ポイント1のステータスの定義の部分である。私は、これまでステータスが曖昧なまま作成された業務処理報告書を山のように見てきた。

群管理による業務処理報告書

表現のポイントはこれだ！

ポイント 1
ステータスを定義

ポイント 2
ステータスはアウトプットベースで明確に

ポイント 3
累積ではなく、群の内数を見る

ポイント 4
時系列変化で推移を見る

ポイント 5
パーセントと実数の両方で
ワンスライド・ワンメッセージ

とりわけ、扱う対象が目に見えない「サービス」である場合、定義が不明瞭かつ共有されていないことが非常に多い。なんとなく個人が職人芸でばらばらに作業を進めてしまい、個々によってステータスの定義が異なっているのである。

こうしたケースでは、いざ、進捗状況を調べようとしても、どれだけ業務が進んでいるかをつかみようがない。進捗状況を正しく把握しようとするならば、まずは定義を明快にすることだ。

この英会話学習塾の例でいえば、「問い合わせ」や「申し込み」というステータスはどんな状況を指すのか、「モデルレッスン」とは何を意味するのか、モデルレッスンの申し込みを済ませただけなのか、あるいはすでにモデルレッスン体験済みという状況を指すのかを、業務処理報告書を作成する前にはっきりさせておかなければならない。

ポイント3の累積については、累積のレポートを完全否定しているわけではないことを記しておきたい。累積がダメで、群がいいという二律背反ではなく、週という群で見るのが一番わかりやすいということだ。

累積のレポートは決して主役にはなりえない。群管理があって初めて成立するサブ的な存在と考えるといいだろう。

この2つの関係は先に挙げたように、自動車工場をイメージするとわかりやすい。累積だけのレポートでは、一つひとつの工程の歩留まりが見えなくなる。週という時間の中での歩留まりをチェックすることが、歩留まり全体の改善につながるのだ。

英会話学習塾に問い合わせはしたものの、そこから先に進んでいない客は、自動車工場における不良在庫に該当する。この塾ではモデルレッスンの枠が少ないため、せっかくの問い合わせが不良在庫になっていた。シャーシをたくさん作ったのに、その先の生産力がないために、シャーシが工場で積み上げ在庫になっていたような状況だ。

せっかく問い合わせてもらったのに、モデルレッスンの枠が少ない以上、この先の申込者が大きく増えるはずもない。モデルレッスンを体験せずに、入塾手続きを取り、月謝を払う人などいない。

つまり、モデルレッスンを体験する人の数を増やさなければ、入塾者は増えようがない。全体の生産力を高める、つまり申し込みを経て入金する生徒の数を増やすには、モデルレッスンという工程を増強するのが一番の解決策だ。

ポイント5にあるように、資料にはパーセントと実数の両方を揃えるのが一番だが、どちらが優先順位が高いかといえばパーセントである。実数もバックデータとしてつけておく分には構わない。手間はさしてかからないはずだが、まずはパーセントを作ることを優先させたい。

パーセントとは、自動車工場の例でいうと、メーカーが重視する歩留まりにあたる。歩留まりを上げるのはモノを作り出すメーカーにとっては最重要課題といってもいい。あるモノが次の工程で何％残っているかが目に見える資料作りが大切なのだ。

同じくポイント5のワンスライド・ワンメッセージについては188ページに詳しく述べるが、読む人に考えさせることなく、ひと目で中身を把握してもらえるように、レポートをまとめる際はワンスライド・ワンメッセージを基本形として考えてほしい。

リソースの計画的配分が可能になる

ここで、群管理した業務処理報告書の経営上のメリットを一覧にまとめておこう。

英会話学習塾の例では、モデルレッスンの枠が少ないという問題を早期に抽出したことで、教師を増強し、売上アップにつなげることができた。いま足りないものが何かを把握できたことで、リソースを計画的に配分できたのだ。

この群管理の手法は、例えば、2014年に世界を震撼させ、いまもなお終息には至っていないエボラ出血熱にも応用可能だ。

群管理による業務処理報告書

経営上のメリットはこれだ！

メリット 1
問題の早期発見につながる

メリット 2
ボトルネックの発見によって全体産出量が増大する

メリット 3
プロセスごとの数値化による計画的なリソース配分が可能になる

メリット 4
数値化で改善が可能になる

エボラ出血熱の死亡率は50％ぐらいだとされてきたが、1ヶ月前にエボラ出血熱に罹患した患者のその後を見ていくと、実質的な死亡率は90％ほどと見られている。なぜ、50％という数字が流布したかといえば、時間の経過の中で分母を群管理していなかったからだ。累積で数字を追いかけていくと、1ヶ月で分母は2倍になる。分母が増えれば、死亡率は下がる。だから、50％という数字が独り歩きしてしまった。

前の月にエボラ出血熱に罹った患者と今月の患者数を分けて数字を追いかければ、実態に近い死亡率が得られる。それができれば、もっと違った手を打てたかもしれない。

Ｙａｈｏｏ！ＢＢに活用した群管理手法

群管理という手法を私が思いついたのは、Ｙａｈｏｏ！ＢＢの申し込みに対してその開設・開通が遅れに遅れ、社会問題化したときだった。

２００１年6月20日。ソフトバンクは、全国の利用者を対象に、Ｙａｈｏｏ！ＢＢのＡＤＳＬ接続サービスの先行予約申し込みを開始した。ご記憶の人も多いのではないか。反響はすさまじいものだった。

ＡＤＳＬ接続料金が月額９９０円、ＩＳＰサービス料金が同１２９０円。合わせて月額

2280円という、相場の半額以下の料金設定の効果は強力だった。受け付け開始直後から申し込みが殺到し、申し込み件数はみるみるうちに100万の大台を突破した。

しかし、急激な申込者の数にサポート態勢が追いつかず、サポート現場は当初から混乱を極めた。連絡が来ない、つながらない、モデムが来ないなどなど、まさにクレームに次ぐクレームの嵐。Eメールオンリーだったカスタマーサポートにメールが押し寄せ、あっという間にパンク状態に陥った。

Eメールだけのサポート態勢しかなかったソフトバンクが、これでは埒《らち》が明かないと、コールセンター開設を決めたのは、2001年10月。受け付けを開始してから3ヶ月が経過していた。

電話がすべてふさがった！

しかし、混乱はなおも続いた。

いまでも鮮明に覚えているが、10月のある日、ソフトバンクの本社の電話が一斉に鳴り出した。メールでは間に合わないとしびれをきらしたユーザーが、本社に電話をかけてきたためだ。

最初は代表電話にかけ、それでもつながらないと、代表電話の一番違いの番号に電話をかけるユーザーも多かった。それでもダメならまた一番違いの番号へ、さらに一番違いへと電話を手当たり次第にかけるユーザーによって、会社中の電話はすべて埋まり、社内の人間はみな、ユーザーからのクレーム対応に追われることとなった。

こうなると、日々の業務などできるはずがない。いま思い返しても、悪夢のような経験だった。

この事態が社会問題化したのもその頃だ。破格の料金に魅力を感じ、申し込んだのにいっこうに利用できるめどがたたないとユーザーは怒り、ソフトバンクは社会的にも非難の嵐にさらされた。

このままではいけないと、ソフトバンクがコールセンターの一次対応窓口の態勢を整えたのが2001年11月1日。クイックYahoo!の名称で、ナビダイヤルによる電話窓口開設の告知をWeb上で公開すると、予想通り、初日には数十万を超えるコールが殺到した。

しかし、オペレーターの応対率はわずか数%。コールセンターでは当初、テクニカル面での問い合わせを想定していたが、実際にかかってきたコールは初歩的な手続きに関する問い合わせが多く、1件あたりの応対にはどうしても時間がかかった。

そのため、一つのコールに予想以上の時間を要し、殺到するコールにオペレーターが対応できなかった。結局、コールセンターを開設したにもかかわらず、受電率（かかってきた電話に応対できた割合）は改善せず、ADSLサービスの申し込みから開通までの期間は2週間以上かかるありさま。ユーザーの怒りはいっこうに収まる気配がなかった。

この混乱のさなかに、私はADSLサービスの最終の工程である課金部分についてのみ担当し、料金センターを管理本部の管轄下に置いて、業務の流れをチェックした。先の英会話学習塾の例でいえば、入金の工程に該当する業務だ。

予想はしていたものの、料金センターに寄せられる苦情の多さに私は途方にくれた。さまざまなクレームの中でも、特に多かったのが誤課金に関するトラブルだ。

どうしてこんなにも誤課金が多いのか。探っていくと、原因がコールセンターにあることが判明した。システムの不具合などではなく、ユーザーとコールセンターとのやりとりの曖昧さに問題があったのだ。

課金に至るまでにはいくつものプロセスがある。サービスを申し込む、NTTに申請する、局舎内工事を行う、宅内工事を済ませる、そして開通へと至る。だが、これらのプロセスで、ユーザーとコールセンターとのコンタクト履歴が課金の結果に反映されていないため、誤課金が発生していたのだ。

そこで、まず一つの工程の定義をはっきりとさせた。そして分母を決めて、群管理を行った。

つまり、サービスを申し込んだ時点をスタート地点として、そのうち何%の人がNTTに申請を済ませ、宅内工事も済ませ、晴れて開通に至っているのかを明らかにしたのである。

そうすると、モデムが届いてもつながる人は6割ぐらいだったこと、下手をすると半年近く待たされている人もいること、つなぎ方がわからない、回線名義人がわからないから手続きできないままになっているなど、さまざまな問題が浮き彫りになった。

各自のスタート地点が違っているのに、それらのトラブルを累積でまとめてしまうと実態が見えなくなる。だから、まず工程の分母を確定したわけだ。

ユーザーがいまどの工程にあるのかを明確にし、それを履歴として残せば、誤課金が生ずることもなくなる。NTTに申請したばかりなのに料金を請求されるという事態などは起こりようがなくなるのだ。

こうして、群管理によって業務フローの管理をすることで、トラブルは見違えるように急減した。各工程に要する時間も把握できたので、改善策も立てやすくなり、申し込みから開通までの時間も短縮できた。

短期間のうちにうまく回り出した料金センターの成功モデルは、２００３年に開設した本格的なコールセンターに応用されることとなり、２００３年3月から私はカスタマーサービス統括本部長として、カスタマーサポートの陣頭指揮もとり始めた。

課金のプロセスで効果を発揮した群管理の手法を用いたことは言うまでもない。工程ごとにボトルネックつぶしを一つずつ行うことで、Ｙａｈｏｏ！ＢＢを軌道に乗せることができたのだ。

「ねんきん特別便」の処理も飛躍的に改善

この群管理の手法は、私がいま理事として業務改善を進めている日本年金機構のケースにも適用し、大きな成果を収めている。

２００９年に「ねんきん特別便」の返答を処理する業務を担当することになった私は、まず現状を把握するためヒアリングを実施した。当時の業務センターの1ヶ月あたりの処理能力は約13万件に過ぎず、未処理の返答が５００万件を超えていたため、ある地方社会保険事務局で独自に構築したデータベース活用システムを業務センターに導入し、委託業者が行う業務と明確に棲み分けた。

具体的には業務を、①受け付け・印字・分類、②記録調査、③記録審査、④回答処理などからなる4つのプロセスに分解・定義し、それぞれの業務プロセスの進捗状況がリアルタイムでつかめるようにバーコード管理を行った。

これにより、処理能力は飛躍的に上がり、特別便の処理は一気に解決に向かった。現在では特別便の処理はほぼ完全に完了した。

ポイントは、ステータスを作って週群管理をしたことだ。ステータスを決めれば、資料も簡便に作れる。ＰＯＳシステム化も可能だ。

ことほどさように、群管理は有効な経営手法である。時間的なフローを考慮しながら業務の進捗状況を数値化すれば、必ずボトルネックが見えてくる。

そうなれば、あとはボトルネックの解消に専念できる。自動車工場の生産ラインのようなシビアな群管理を、ぜひふだんの業務に役立ててほしい。

ケーススタディ 2

売上報告書

「上から目線」で経営の実態をあらわにする

予算を割り込んだ原因はどこにある?

ケーススタディの第二弾として、月次売上報告書を取り上げよう。どの会社でも作っているであろう報告書だ。ここではモデルとして、パッケージソフトウェアを売っている会社を想定している。ただし、製品を1回販売して終わりではない。顧客先に常駐しながら運用も請け負うビジネスモデルだ。

ソフトウェアの価格に加えて、毎月のメンテナンスフィーも入ってくるビジネスモデルは、固定的な売上を望めるという点では悪くない。長くこの形で事業を続け、ここまでは順調に業績を伸ばしてきたが、いまちょっとした壁にぶつかっている。4月以降、どうも状況が芳しくないのである。

図表2－1を見てほしい。

担当者からあがってきた数字を見ると、4月、5月はなんとか予算を上回ったものの、6月に入ると予算をクリアするのが精一杯。7月はついに予算を割り込んでしまった。とはいえ予算割れといっても、予算に足りないのはまだ1000万円ほど。大きな痛手ではないが、早いうちに何か手を打った方がいい。

図表2-1

月次売上報告

（単位：百万円）

月	予算	実績	概要
4月	1000	1145	D社 430、A社 260、B社 230、他
5月	1050	1125	D社 430、C社 380、E社 130、他
6月	1100	1110	C社 380、A社 330、E社 250、他
7月	1150	1140	C社 380、A社 340、E社 250、他

表面的には経営に影響を与える問題を抱えているようには見えないものの、何か異変が生じていることは間違いない。この会社は現在、そういう状況にある。

ダメな売上報告書の見本例

図表2－1をパッと見てわかるのは、予算と実績の関係だけ。その実績の内訳はわかりづらい。A社、B社、C社など取引先別に数字は羅列してあるものの、時系列での変化がつかみにくいのも問題だ。この月は予算をクリアした、この月は予算を下回ったという結果しか見えてこない。何ら問題点を浮き彫りにしない、悪い報告書の見本の

ような例である。

実績の合計値は出ているが、取引先ごとの構成比がわからないのも、売上報告書としては致命的な欠点だ。合計の数字がない、パーセンテージの数字がない、「他」が何社あるのかも不明瞭。これらいずれかに該当する報告書は、はっきりいって報告書とはいえない。

この図表2－1の一番ダメな点は、月の増減はわかったとしても、全体のトレンドがわかりづらいことだ。いま、この会社がどういう状況にあるのか、どんな問題点を抱えているのか。それをこの売上報告書からつかむことは不可能といえる。

こうした売上報告書は、作成者が差し障りのない見かけのいい箇所をつまみ食いしている可能性が高い。部下が上司には報告しづらい現状を隠そうとしているのかもしれない。そこまで意図的ではなくても、なんとなくまずい状況をオブラートに包んでいるのかもしれない。

ともあれ、これだけはいえる。実態がぼやけて見えない報告書は危険である。

見た目は良いが、実態を正しく把握できない棒グラフ

最近は、売上報告をこうした図表だけで済ませる会社はいくらなんでも少なくなってい

ると思うが、次ページに掲げる図表2－2のような棒グラフだけでよしとする会社はまだまだ多いのではないだろうか。

予算と実績を対比させたこの棒グラフは、いかにもありがちな報告書である。一見、何ら問題がないかのように思える。月別の予算の推移がわかり、実績の推移がわかり、実績の内訳が把握できる。棒グラフには色を複数使っているので、見た目もいい。

A社、B社、C社、D社、E社。色別（グラフの現物はカラー印刷）に示されたそれぞれの会社の数字が減っているのか、増えているのかは、一目瞭然だ。

4月の売上の会社別構成比と7月の構成比とではずいぶん変化していることも見て取れる。4月にはもっとも高い構成比を占めていたD社だが、7月の構成比は全会社中、最下位。逆に売上構成比を伸ばしているのが、A社、C社、E社だ。D社の減少分をこの3社が補っている。そんなこともこの報告書から確認できる。

だが、この報告書ではとくにC社の「異変」に注目したい。5月からいきなり売上構成比が伸びているのがおわかりだろうか。この急増にはなんらかの理由があるはずだが、このグラフから理由を読み取ることは不可能だ。

つまり、この棒グラフを見て理解できることといえば、4月、5月は予算をなんとか上回ったものの、6月になると予算達成が怪しくなり、7月にはついに予算割れに陥ってし

図表2-2

月次売上報告

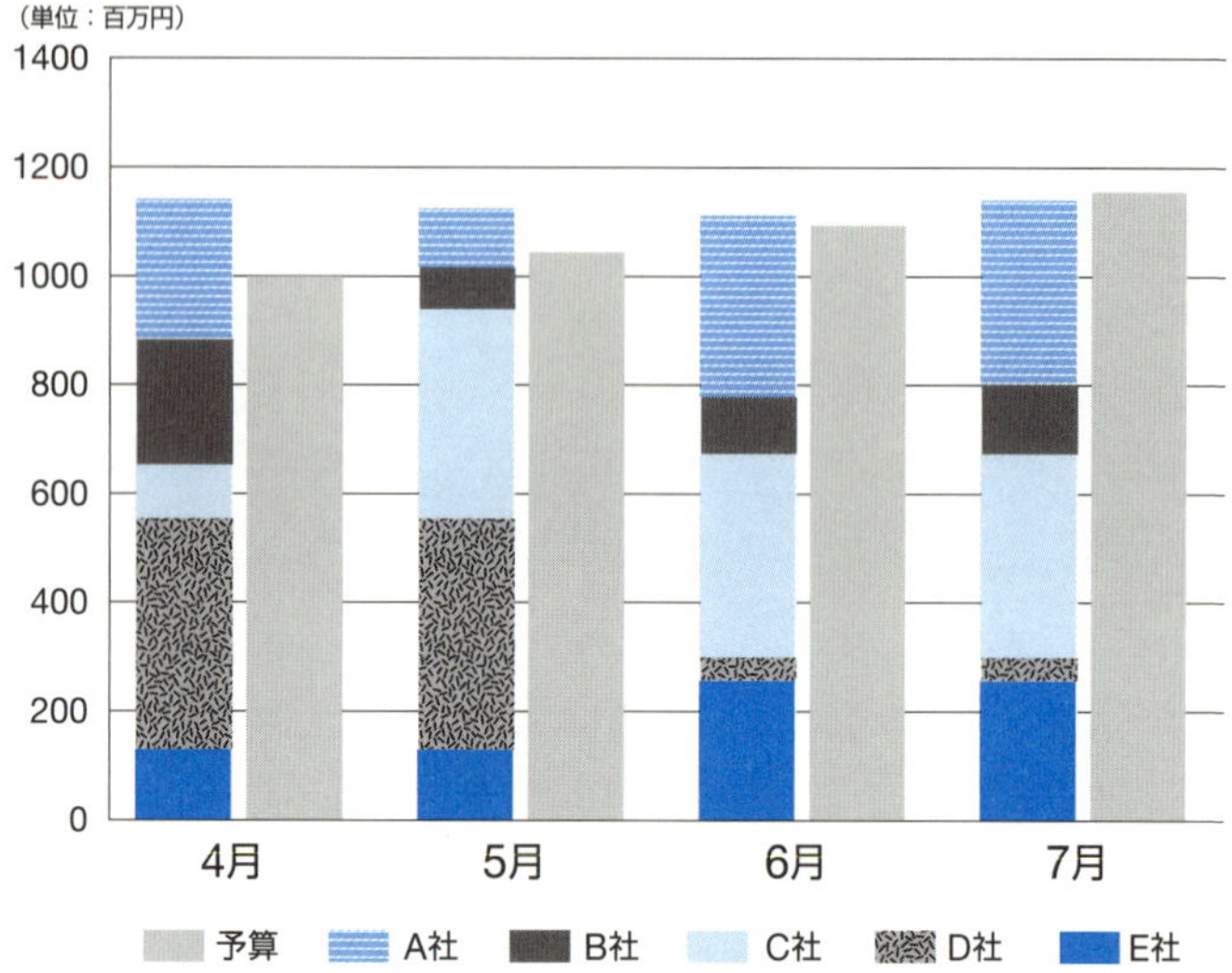

まったという漠然とした傾向だ。

さきほどの図表2－1と違って、この図表2－2からは「夏枯れ傾向」は読み取れる。もしかしたら、この図表2－2だけでC社やD社に何か「異変」があったことを嗅ぎ取れる人もいるかもしれない。その分、さきほどの図表2－1よりはずいぶんとましではあるが、それでも実態を正しく映しているとはいいがたい。

なぜか。会社がいま置かれている状況を把握する上で、もっとも大事な「売上の種類」を把握できないからである。

継続的な売上と一時的な売上の推移をつかめ

売上は決して一律ではない。継続的な売上と一時的な売上の2種類に分けられる。

前者は、プラットフォーム型と呼ばれる売上だ。仕組みを作り上げることで、だまっていてもお金が転がり込む。極端にいえば寝ていてもお金がチャリンチャリンと入ってくる。量としては決して多くないが、だらだらと続く「牛のよだれ型」の売上である。

継続的な売上は、一時的な売上とは違って派手さはないが、堅実だ。目を引くような大きな数字ではなくても、毎月、確実に着実に売上が入ってくるので、会社の基礎体力は盤石化する。

その会社の盤石性、堅実性、基礎体力を知りたいのなら、継続的な売上が全体の売上のうちどれぐらいの割合を占めているのかを知るのが一番だ。そのためには、まず売上を継続的なものと一時的なものとに分けて見なければならない。

一時的に売上を確保し、どんなに表面的に数字を積み上げたとしても、それは結局その場しのぎの数字稼ぎだ。安定や成長につながる数字ではなく、一種のめくらましに近い。

重要なのは、継続的な売上と一時的な売上がどう推移しているのか、そのトレンドをつかむこと。売上報告書を作るときに、最初に重視すべき点はここである。

もし部下が図表2-2のようなレポートを持ってきたら、「怪しい」とにらんだ方がいい。何かを隠している可能性がある。このような「逃げの姿勢」がうかがえる売上報告書は、「○○の件はどうなっている？」と尋ねて、「大丈夫です」と答えが返ってくるようなものだ。「大丈夫です」という返事ほどあてにならないものはない。それは何ら具体的なものを意味していない。何が大丈夫なのか、いまどこまで進んでいるのかがまったく見えない。部下から「大丈夫です」という答えが返ってきたら要注意。まずい事態から目を背け、何か不都合を覆い隠そうとしていると疑った方がいい。

「82kg理論」に陥るな

話が飛んでしまうが、私は最近太り気味で、体重がついに80kgを超え、82kgに達してしまった。

このままではまずい。そう思っているときに妻からこう声をかけられた。

「最近、太ったんじゃない？　いま体重はどれぐらいあるの？」

できれば触れてほしくない話題に、思わず私は次のように答えてしまった。

「そうだね。まあ、80kgを超えたあたりかな」

この答えから透けて見えるのは、本質に目を向けない「逃げの姿勢」だ。「80kgを超えたあたり」というのはウソではない。

だが、本当でもない。もし体重がまだ80・2kg程度の数字であれば、妥当な表現といえなくもない。だが、実際にはもう82kgなのであり、それはもう「超えたあたり」を逸している。

にもかかわらず、「超えたあたり」とぼかしてしまったのは、私が真実を見つめようとしていないからだ。実態を直視せず、現実から目をそらそうとする私の「逃げの姿勢」が「80kgを超えたあたり」という答えに如実に表れている。

世のビジネスシーンには、こうした「逃げの姿勢」が顕著な資料が氾濫している。さきほど例に挙げた図表2－1や図表2－2は、まさに「逃げの資料」そのものだ。

ウソとはいい切れないが、決して本当ではない。実態を正しく反映していない曖昧さの残る資料。内容を把握するのに時間がかかる資料。これらは、はっきりいって会社にとって罪悪でしかない。

私もソフトバンクに入社して間もないころは、よく実態をぼかした資料を作っていた。といっても意図的ではない。なんとなくあらわにしたくない数字を（気がつけば）曖昧にして、実態がわかりにくい資料を作成し、提出していたのだ。未必の故意というべきか。だが、自分の心を正直に見つめれば「隠したい」という気持ちがあったことを認めざるを得ない。もっとも、こうした小細工は孫社長には通用しない。「これ、意味がわからない」と怒られて終わりだ。

ダイエットは自分の現実の体型や体重をシビアに受け止めることから始まるように、仕事も実態を正しく見つめることから始まる。実態をつかめなくて、どうして問題を解決できるだろう。問題が解決しなければ次には生かせない。つまり、「逃げの姿勢」は、改善・改良へとつながる道を自らふさいでしまっているということだ。

認めたくない実態、触れられたくない実態をごまかそうとする資料を、私は自分の経験と照らし合わせて、心の中で「82kg理論」をふりかざした資料だと呼んでいる。私生活ならまだしも、仕事の上での「82kg理論」はもってのほか。決して陥ってはならない考え方だ。

危機的状況が見えてきた

「逃げの姿勢」が見て取れる図表2-2の棒グラフを見直し、新たに作成したのが、各社の売上を継続的な売上と一時的な売上とに分けた上で予算と対比させた図表2-3のグ

図表 2-3

月次売上報告

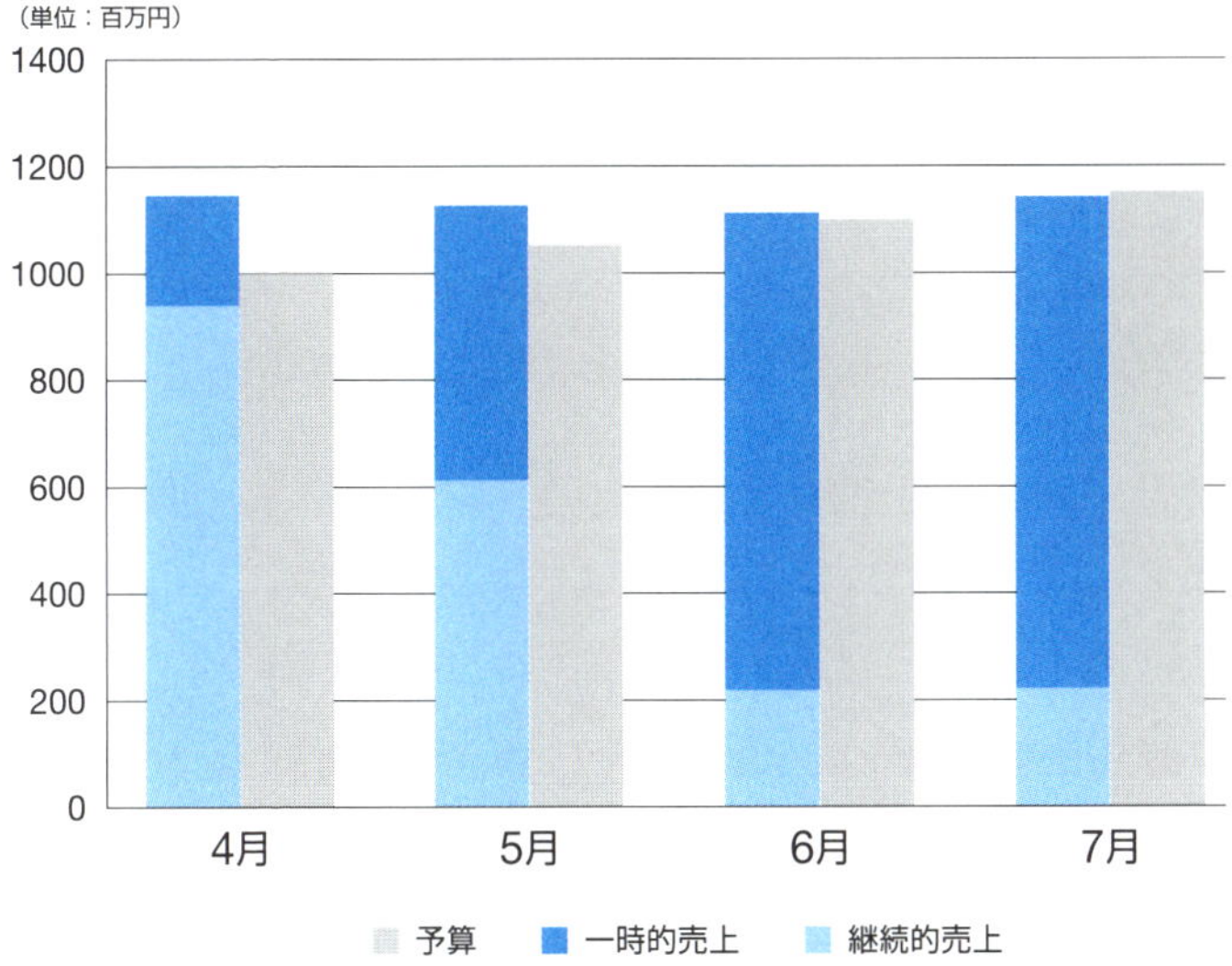

ラフだ。会社別の売上ではなく、売上の種類で数字をまとめ直している。

いかがだろう。これで、この会社の危機的状況が実感できたのではないだろうか。この棒グラフを見ると、一時的な売上が次第に増えていることがひと目でわかるはずだ。逆に、寝ていてもお金が入る継続的な売上は月を追うごとに減っていることも確認できる。4月には、全体の売上の85%以上を占めていた継続的な売上が、5月に入ると約半分にまで落ち込み、6月、7月にはついに2割程度にまで減ってしまっている。

その代わりに増えているのが、一時的な売上だ。

これは何を意味するのか。現場が一時的な売上を作って、なんとか予算を達成してきたということだ。5月に継続的な売上をすごく減らしてしまったので、営業マンがとにかく数字だけでもあげようと、他の取引先に泣きついて、一時的な売上をたて、ごまかしごまかしやってきたのだろう。

ここで種明かしをすると、この報告書を作成した営業マンはD社の契約を5月いっぱいで大幅に切られることがわかったため、急きょC社に泣きつき、システムの受託契約を取って、5月、6月、7月となんとか数字をあげてきた。

だが、このC社の売上も3ヶ月で終わることが決定している。運営受託ではないため、この先、C社からいまのような売上をあげることは難しい。このまま契約通りC社に切られてしまうと、会社としては固定費がまかなえず、いきなり赤字になる可能性がある。そう、この会社はかなり危機的状況に追い詰められているのである。

ある意味、現場の社員はがんばってきたともいえるが、こんな状況が長く続くはずがない。がんばったとしても、それは本質的ながんばりではない。厳しいことをいえば、意味のないムダながんばりだ。事実、その努力は息切れしつつある。6月と7月の一時的な売上の額はほぼ同じ。一時的な売上を増やすことで予算を達成しようとがんばってきたものの、もうその努力も限界に達してきているようだ。

この状況下で、もし、あるとき、一時的な売上に貢献した会社から「もう出さないよ」「うちからは、これ以上はもう無理だよ」と突き放されたら、この会社はどうなるのか。火を見るより明らかだ。

おそらく、遠くはないあるときに、この会社の売上は一気に落ちる。返品率や貸し倒れ率などの数字も高くなっていくに違いない。これらの数字もチェックしておかなければならないだろう。

このように、同じ売上報告書でありながら、問題点が把握できなかった図表2－2と違って、図表2－3はこの会社が非常にまずい状況であることを如実に物語っている。

重要なのは「どの方向」にがんばるか

では、この会社はどうすべきだったのだろうか。どこでどんな手を打つのが正解だったのだろう。

ひと言でいえば、固定的な売上確保に力を注ぐべきだった。営業マンは、C社から3ヶ月のシステム受託の契約を取り付けるときに、開発費を下げる代わりに毎月運営受託したいと交渉をすべきだったのだ。もし、一時的な売上確保だけに奔走せず、長期的な視点で営業に動くなど、別の対応もできていれば、結果は違っていたことだろう。

営業マンが数字をあげようとがんばること自体は悪いことではない。問題は「どの方向」にがんばるかだ。ゴールではない地点を目指して走りだしても意味がない。ゴールは、売上の安定確保を図ること。固定的な売上と一時的な売上とに分けて売上報告書を作る意味はそこにある。

私がコンサルタントとして入っている会社でも、これと似た例にたびたび遭遇している。新規事業を立ち上げたのに、いっこうに売上が伸びず、毎月、売上が増えたり減ったりの繰り返し。あるシステム会社の場合、1年ほど様子を見ていたが、いっこうに改善する気配がなかったため、売上を型別に分解してみた。

すると、すぐに問題点を把握できた。スタートした新規サービス事業で、一時的な売上をずっと作り続けていたことが判明したからだ。継続的にそのサービスを使い続けてもらわなければならなかったのに、現場では初期費用をとりあえず取って回していくビジネスに陥っていたのだ。

そこで、新しいサービスを開発し、月額の利用料をもらうビジネスに切り替えたら、結果はすぐに出た。事業がうまく回り出したのだ。

このように、新規客を獲得する際に一時的な売上に走り、初期導入費用をまずもらうことだけに満足し、継続的な売上につなげようとしないケースは非常に多い。「最初はこれだけかかりますが、あとは無料です」という営業スタイルがその最たるものだが、ここには長期的視点が欠落している。目先の利益を取るために将来の利益を捨てているに等しい。

もし、部下がそうした策を講じていたら、上司はいますぐにストップすべきだ。最初に売上をたくさんもらうよりも、将来的に継続してもらう形の方がずっと健全であり、賢明である。むしろ、メンテナンス部分を強化し、最初には無料にしてでもお客さんをたくさん取った方がいい。

一時的な数字を無理やり作ろうとすると、不払いが増えてくる。即席の売上ほしさに与信チェックを怠れば、あとで痛い思いをする可能性もあるのだ。

売上には「色」がある

ここで、売上報告書の表現のポイントをまとめておきたい（次ページ参照）。

ポイント1のように、一時的な売上と継続的な売上を認識することは、売上報告書をま

売上報告書

表現のポイントはこれだ！

ポイント 1
売上を継続性の観点で分けて認識する

ポイント 2
将来予想ができるよう、棒グラフで時系列の変化を見る

ポイント 3
パーセントと実数の両方を入れる

ポイント 4
基本はワンスライド・ワンメッセージで表現する

ポイント 5
数字のつまみ食いは禁止。合計の数字を必ず出す

とめるにあたって、もっとも重要なポイントの一つだ。

売上には「色」がある。会社にとってプラスになる「色」と、見てくれは悪くないが将来的には会社にとってマイナス要素となる「色」。この2つの「色」を別々に見られる報告書を作成することである。

優れた資料を作ることとは、度のあったメガネをかけるようなものだ。あっていないメガネでは、実態がぼんやりとしか見えない。間違った解釈をしてしまう危険もある。メガネによって、同じ数字なのに見えてくる世界が違ってくるのだ。

実態を正確に見つめることができれば、会社を変える道筋がつかめる。優れた資料は会社がより良く変わるための第一歩だ。

社員がいなくても会社が回る仕組みを作る

売上というのはあげればいい、予算を達成できればいいというものではない。まず、この点を頭に叩き込んでほしい。

重要なのは、自分の会社が目指す方向を知り、継続的な売上を作っていくことだ。固定的に入ってくる売上があれば、仮に会社に出勤するのが社員の5分の1だけだとしても、その会社は問題なく回っていく。その会社は間違いなく成長できる。残りの5分の4の社員は、新しい事業に専念し、上積みに貢献できるからだ。

もし、みなが朝から晩まで走り回って一時的な売上に奔走していると、どこかで破綻が訪れる。そんな無理な状態を持続できるはずがない。ダメな会社の典型だ。

ソフトバンクがいまのような巨大企業に成長できたのは、常にプラットフォーム事業を構築してきたからだ。Ｙａｈｏｏ！ＢＢ、ヤフオク！。どれも、一人ひとりの利用者から入ってくる金額はたかがしれている。

しかし、その金額は継続的に入ってくる。少なくとも、一定期間は間違いなく入ってくる。これがソフトバンクの強さの源泉であり、成長の根幹だ。

二段階上のポジションからの視点で仮説を立てよう

売上報告書に話を戻すと、生データをＥｘｃｅｌで加工しただけのレポートは、ほとんど何の役にも立たない。

どうも日本の会社にはいまだにＥｘｃｅｌ信仰が根強く、Ｅｘｃｅｌを駆使して巧みに加工した資料作りに情熱を注ぎ込むきらいがあるが、多くの場合、手段と目的が逆転している。目的に沿った資料を作ることが先であり、Ｅｘｃｅｌ使いを目的にすることは絶対に避けたい。

もし会社のフォーマットとしてＥｘｃｅｌでの加工を求められているのなら、プラスαで別のレポートを作ってほしい。そのときは、平の社員なら課長の、係長なら部長の、というように二段階上のポジションからの視点で資料作りに臨むことだ。

資料を作る視点が平社員のポジション、部下のポジションにとどまっていると、人はさきほど述べた「82kg理論」に陥りやすい。

部下が恐れることとはなんだろうか。

事業の悪化や経営上のダメージではない。経営問題など、自分にはまだ遠い先のこと。一番避けたいのは、自分が担当した案件で問題が起きていることが明らかになり、上司に叱られること、自分の責任を追及されることだ。

だから、ついその場しのぎに走ってしまう。そして、一見、問題なさそうな無難な資料を作り、「82kg理論」でなんとかその場を繕おうとする。これが、本質からそれた間違った資料作りを引き起こす。

今日をただ生き延びるための資料作りはNG

しかし、これは会社としては実に由々しき問題である。実態をぼかした資料を作ると、問題点が放置される。曖昧な資料が重なれば、問題点はさらに膨らむ。すると、どこかの時点で事態は悪化し、表面化する。ひどいときには経営に大きなダメージを与えることもあるだろう。

そうならないようにするのが上司の務めだ。だから、上司は本質を見つめ、問題点をあらわにした資料を作らなければならない。そうしなければ、責任を問われる立場だからだ。自分が所属する組織の長期的な成長に貢献しようという気持ちがあれば、決してこうした資料作りには走らない。大事なのは資料を作成するときの視点やポジションを部下から上司へとシフトすること。そうすれば、実態を浮き彫りにし、問題点を抽出し、「次」へとつながる有効な資料をあなたも作ることができる。

こんなえらそうなことをいっている私も、かつてはポジションをシフトした視点を持つことなど考えたこともなく、ただただ上から怒られまいという「小さな意識」で、資料作成にあたっていた。

だが、ソフトバンク流の資料作成術を身につけてからは、いつも視点を上に置いている。上から目線の行動は良くないが、資料作りにおいてはウエルカムだ。

いわれた仕事をただやるのではなく、他のビジネスパーソンと違うことをやってほしい。今日をただ生き延びるためではなく、会社に貢献し出世したいと考えるのなら、上の人が必要とする資料を作ろう。逃げの資料を作ってはいけない。

必要なのは仮説にもとづいた問題解決につながる資料である。毎月営業マンが走り回っているのになぜ売上が伸びないのかという疑問が生まれたら、「おそらく一時的な売上を追いかけているのだろう」という仮説を立てよう。

この会社では、生データの加工にとどまらず、仮説を立て、売上を一時的なものか継続的なものかに分けることで、初めて実態がつかめた。仮説を立てても、どれが当たりかはわからない。いろいろ作って大当たりのものをレポートにすることである。

ケーススタディ 3

要因分析レポート

積み上げ面グラフで
川下から改善要求しよう

因果関係を探ればコストも削減できる

物事には必ず因果関係がある。何らかの原因があるから、結果が起きる。この因果関係を明らかにすれば、早期の問題解決が可能になり、改善策も立てやすい。

では、どのようにして因果関係を探っていけばいいのだろう。ケーススタディ3では、原因と結果を結びつける効果的なチャート作りを紹介しよう。

例に挙げたのは、ある保険会社のコールセンターに入ってきたコール数の推移を表したグラフだ。この保険会社では実店舗を構えるほか、Webからの集客にも力を入れ、医療保険や自動車保険を販売している。

保険商品を購入した顧客には、1年間に3回、レターを発送しており、レターの中身は運用状況のお知らせや新規保険商品の案内など、さまざま。発送時期はおおむね決まっていて、レターAは6月から9月にかけて、レターBは11月から1月にかけて、レターCは1月から3月にかけての発送だ。

レターを発送するというアクションを起こせば、それを読んだ顧客からのコール数は当然ながら通常よりも跳ね上がる。このコール数の変化を時系列で折れ線グラフ化したのが、

図表3-1

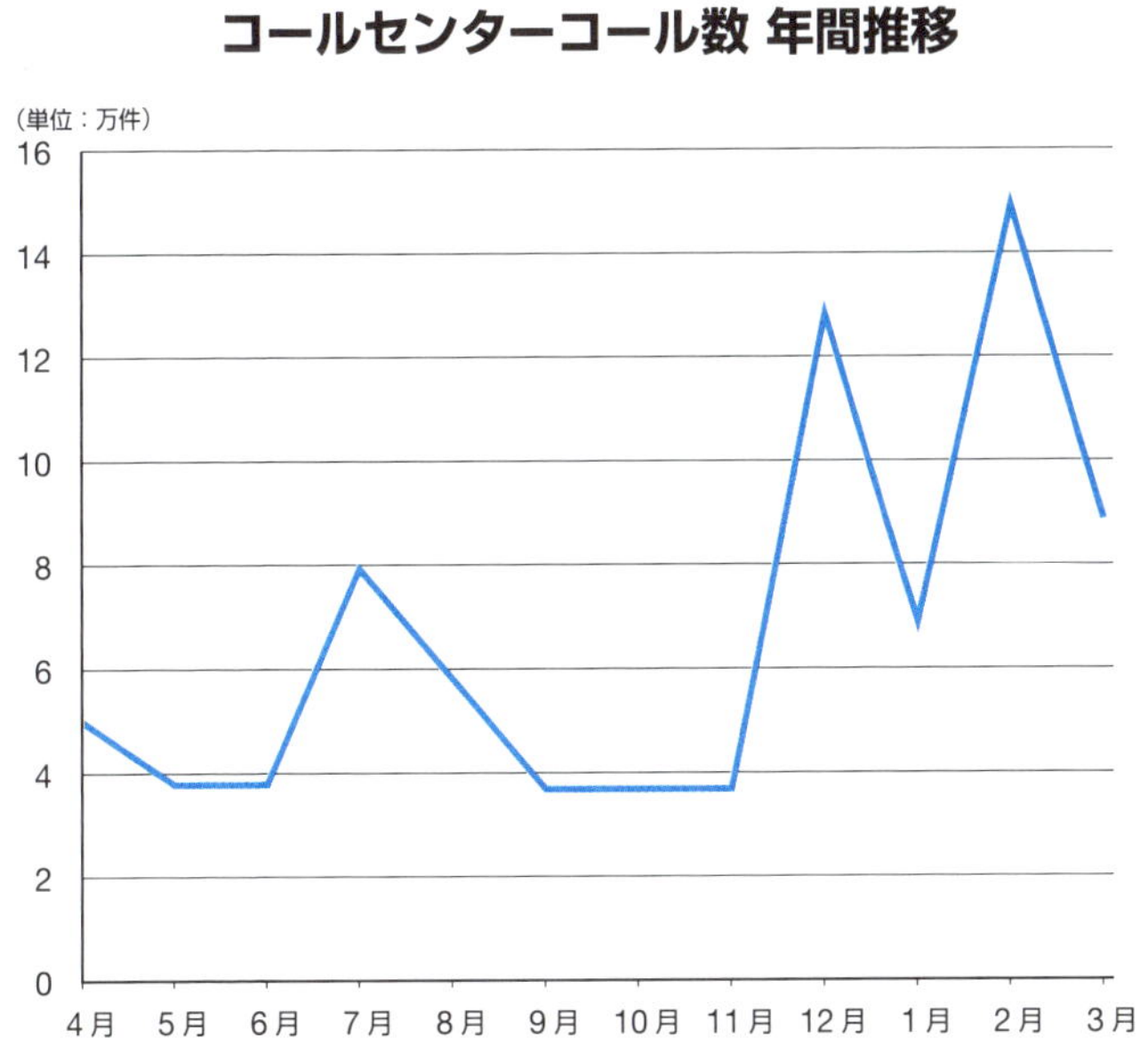

図表3－1だ。

さて、この図表を見て、原因と結果の因果関係を読み取ることができるだろうか。私には無理だ。レターを送るとコール数が急増しているという事実だけはわかるが、それぞれのレターによってコール数がどれだけ増えているのか、その発生率をここから読み取ることはできない。

レターとコール数との因果関係をつかめれば、オペレーターの席数を調整し、コストを削減することが可能になるのに、この図表はただ漫然と数字を折れ線グラフにしているだけ。手元にある数字を効果的にチャートにしていない。残念な例である。

積み上げ面グラフで要因を探れ

この図表の一番の問題点は、折れ線グラフに加工していることにある。コールの発生原因と結果を紐付《ひもづ》けするには、折れ線グラフでは力不足。グラフであれば何でもいいというわけではない。目的に合致するグラフの種類を選ぶことが大切だ。

折れ線グラフの何がいけないのかといえば、推移を表してそれで終わりだからだ。もう一歩踏み込んで、原因と結果を結びつけるには、積み上げ面グラフ（図表３－２）で表示する必要がある。

積み上げ面グラフにしたら、吹き出しで、コールの発生原因の数と発生率を記入しておこう。このコールセンターでは、100万通発送したレターAのコール発生率は5％、200万通発送したレターBの発生率は5％、100万通発送したレターCの発生率は11％に達していたので、そのように記載している。

これで、レターCのコール発生率が際立って高いことが一目瞭然となった。ここから、

図表3-2

コールセンターコール数 年間推移

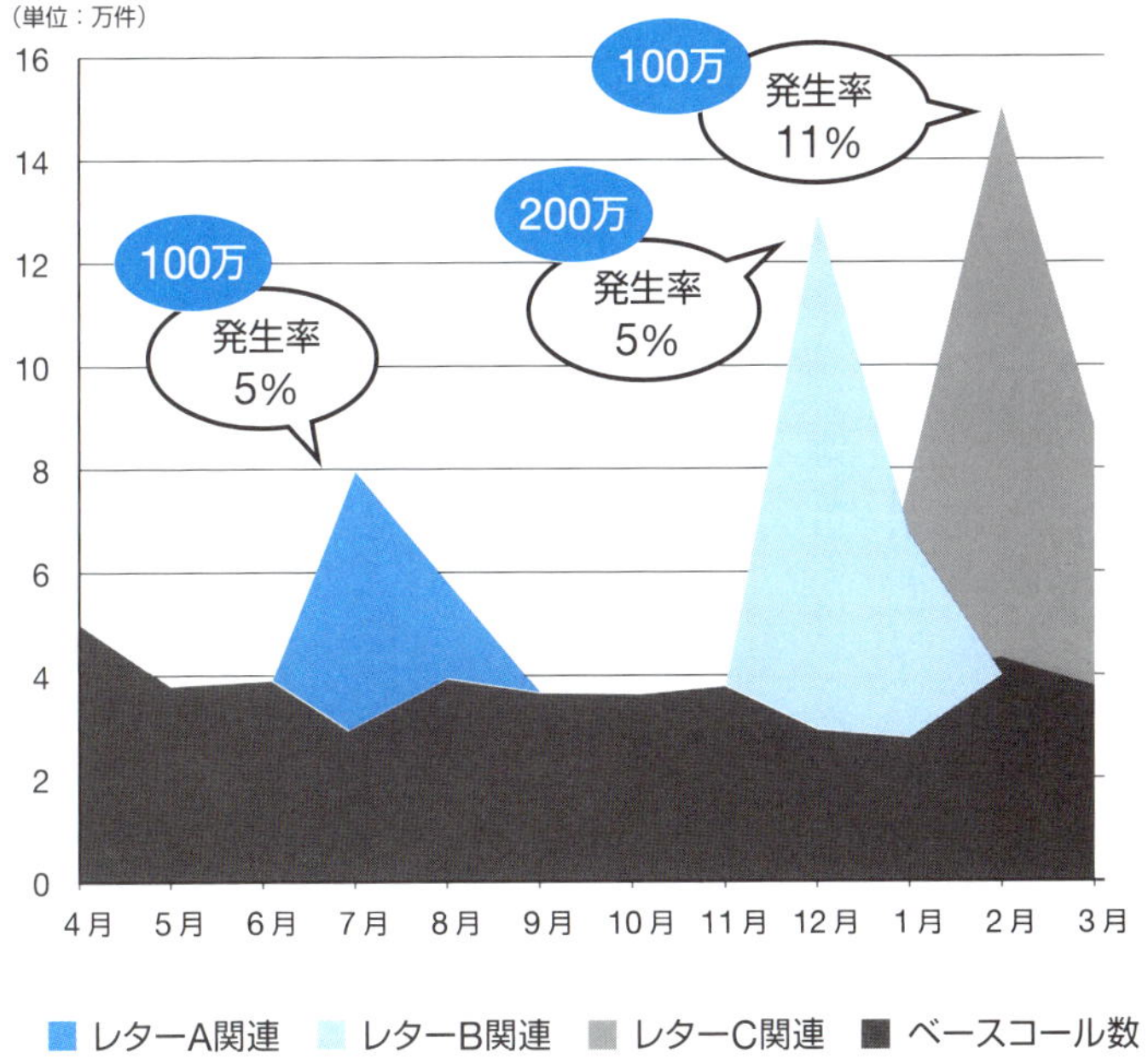

コール率が増えた理由の推察に入る。なぜ、7月、12月、2月にコール数が増え、中でもどうして2月が突出して多かったのか。

こうした疑問こそ問題解決への第一歩。疑問が浮かんだら、次のアクションははっきりしている。2月に送ったレターCと7月・12月に送付したレターA・Bとの違いを知ることだ。

それはレターのテー

マなのか、表現なのか、曜日など送ったタイミングなのか。レターCのいったいどのような要因がコール数を押し上げてしまったのか。違いを探っていけばいい。

その結果を次のレターに反映すれば、オペレーションの態勢も事前に整備できるし、コール数を減らし、コストの削減を図ることも可能となる。

ベースコールのカテゴライズは綿密に

ただし、この積み上げ面グラフを有効に機能させるためには、日々のベースコールの管理をしっかりと行っておかなければならない。

ベースコールというのは、日常的にかかってくるコールを指す。何かアクションを起こさなくても、毎日かかってくる電話のことだ。

土日にじっくりと考えてから電話をかける人が増えるためか、休み明けの月曜日の朝は多少コールの数が多くなったり、夜の10時~11時の時間帯はコール数が多少増えたりするなど、曜日や時間によって多少のムラはあるものの、1年を通してならせば、ベースコールはほぼ安定した数で推移する。

このコールセンターでは、ベースコールの内容が何のカテゴリーに属するかを確認した上で、システムやログに入れるように、オペレーターに指示していた。そのため、ベースコールとレター発送によるイレギュラーコールとの区別ができた。オペレーターがふだんからコールのカテゴライズを厳密に行っていないと、イレギュラーのコールとベースコールがごっちゃになってしまうので注意したい。

次ページに、要因分析レポートのグラフ化のポイントをまとめてみたので、目を通してほしい。

原因と結果が理解できる

この積み上げ面グラフがもたらすメリットはたくさんある。

一つには、原因と結果が理解できることだ。同じようなレターを送っているにもかかわらず、コールの発生率にこれだけ差がでてしまうということは、レターの内容にその原因があるということ。

では、その原因とは何だろうか。文面がわかりづらかったのだろうか。それとも、顧客の心をかき乱すような特定の表現が多かったのだろうか。あるいは、他のレターの中身が単なるお知らせに過ぎなかったのかもしれない。

要因分析レポート

表現のポイントはこれだ!

ポイント 1
コールの発生原因と紐付けをする

ポイント 2
単なる折れ線グラフではなく、積み上げ面グラフにすることでコールの発生原因別に表示する

ポイント 3
吹き出しでコールの発生原因の数と発生率を記入する

そうした比較検討を行うことで、高いコール発生率の主要因に近づくことが可能となる。47ページでも触れたが、私が業務改善を推進している日本年金機構でも、同じようにコールの発生率と要因の分析を実施している。「ねんきん定期便」を発送すると、必ずコールが増えるが、その増え方には差があって、例えば、「受け取る年金額が変わりました」という趣旨のレターを送ると、とたんにコール数が急増する。

ここから浮かび上がるのは、「金銭に関する内容のレターの発送はコール数を押し上げる」という仮説である。資料を作るときには、アクションとコール数とに何か因果関係があるのでないかと仮説を立てることが大切だ。

もっとも、マスコミ報道など、いつ放映されるのかわからず、結果を自分たちでコントロールできないケースは例外だ。因果関係からの対策を打つことはできず、単なる結果論に終わってしまう。レターのように自分たちでコントロールできるアクションに対してのみ、仮説は有効に働く。

川下が川上に文句を言うネタになる

要因分析レポートのメリットの一つは、川下が川上に改善要求を突きつけられる点にもある。上層部に、「この部分を改善してほしい」「このシステムを整備してほしい」というように、下から上へ文句を言うネタを得ることができるのだ。

Ｙａｈｏｏ！ＢＢのコールセンターが、まさにそれだった。当初ユーザーからクレームが殺到し、そのあまりのすさまじさにオペレーターも社員もメンタルに大きなダメージを受けてしまった。いわゆる「心が折れる」という状態だ。

ユーザーからは「つながらない」「品質が悪い」と怒られ、それを上に伝えても改善される見込みがなかったため、現場の人間はみな意気消沈し、心を病んでしまう人も少なくなかった。担当部長も、あちらこちらから打たれまくって、まるでダウン寸前のボクサーのような状態だった。

しかし、問題はコールセンターにあるのではない。コールセンターは顧客からの苦情を受ける部署に過ぎず、顧客がコールセンターにクレームを言いたくなる本当の理由は会社のもっと内部にある。会社の悪い面が最終的にコールセンターにしわ寄せされて、コールセンターが掃き溜め化していたのだ。

そこで私は、カスタマーサポートの総責任者としてコールセンターだけが悪者扱いされている状況を打破しようと考えた。コールセンターにクレームが殺到すると、世の中一般では、「オペレーターの対応が悪いからだ」とか「オペレーターの感じが良くないからそうなるんだ」という見方をすることが多いが、実態はそうではない。何らかの原因があるから、客はオペレーターともめてしまうのである。

クレームを減らし、コールが押し寄せる事態を解消し、この業務に関わる関係者のメンタルを救うには、そもそもの原因を取り除くしか方法がない。

そこで効力を発揮したのが、ここで紹介した積み上げ面グラフだ。

改善要求は一つに絞る

Ｙａｈｏｏ！ＢＢのケースでは、工程ごとに問い合わせの内容を確認したところ、モデムの取り付けに関するクレームが非常に多いことが判明した。さらに探っていくと、「モデムの説明書がわかりにくい」かつ「モデムのランプの仕様がモノによってちょっと違う」という実態が明らかになった。

そこで、私は要因分析レポートを作成し、これをもとに、モデムに関するクレームを減らせばコールの発生率５％を４％に減らすことができると、モデムのメーカーへの改良要望を上に提出し、実現してもらった。これによって実際にコール発生率は減少に至っている。

川下から川上を動かすのは容易ではない。だが、問題を引き起こしている要因を認識してもらえば、上の意識も変わっていく。

ただし、問題要因を10個並べて、「これらをすべて解決してください」と一気に願い出ても、上はそう簡単には動かない。積み上げ面グラフによって、何が問題の原因なのかを紐付けした要因分析レポートを作成し、「最低限、これだけを何とかしてください」と要求する。これがポイントだ。

要望の件数は、1回につき一つと心しよう。複数の要望を突きつけられると対処は難しいが、一つだけであれば解決しやすい。因果関係を分析し、要因分析レポートを出す。この連続が問題解決に貢献する。

数値化すると人は動く

上を動かすには、数値化することも重要だ。

「こんなクレームが来ています」といっても、川上には響かない。何から手をつけていいかがわからないし、そもそも重要性が理解できないからだ。そうなると、「仕方ないね」「今度から気をつけてね」という話で終わってしまう。

それでは何も解決しない。大事なのは、どんなクレームが何件入っているのかを明確にし、もし10万コール来ているとしたら、例えば会社は1億円をムダにしているといった具合に経営的な意味づけをすることだ。

お金に換算して初めて川上は覚醒し、理解を始める。川下のコールセンターに流れてきたゴミ（＝会社の問題点）を川上にぶちまけ、解決を図るには、一にも二にも数値化することである。

先のＹａｈｏｏ！ＢＢのコールセンターでは、１コールあたりのコストを考えると、５％のコール発生率を４％に減らせば、コストが毎月４０００万円浮くことがわかった。このように数字が明確になれば議論がしやすい。「毎月４０００万円」という数字はインパクトがあり、上を動かすには十分だ。それだけの金額を削減できるのだから、モデムに関するクレームを解消するため、モデムを動かすファームウェア（コンピュータ等のハードウェアに内蔵されているソフトウェアの一種）を改善してほしい、という要求も突きつけやすくなる。

そうした根拠なしに、ただ「ファームウェアを改善して」といっても効果は薄い。人を動かすのは、はっきりとした数字である。ＲＯＩ（Return On Investment ＝投下した資本に対して得られる利益の割合）ではないが、「ここに投資すればこれだけ利益があがる」という説得がもっとも効果的だ。

また、Ｙａｈｏｏ！ＢＢのコールセンターでは、申し込みから課金までのプロセスを13のユニットに分けて管理し、ユーザーからのコールをＩＶＲ（Interactive Voice Response＝音声による自動応答システム）で13のユニットに割り振った。そしてユニットごとに応答マニュアルの作成を進め、コール内容をさらにそれぞれ４００ほどの項目に分け、コールに占める割合に基づいて優先順位をつけ、その情報を関連部署にフィードバックした。

これにより、コールセンターに入ってくるコール数は急速に減った。顧客を既存客と新規客とに分けて管理したところ、既存客のコールは16％から10％に、新規客のコールは２００％（つまり2回かけていた）から１８０％にまで減らすことができた。こうして浮かすことができたコストは約10％。大きな収穫であった。

「ねんきん特別便」の一斉配送が招いた異常事態

日本年金機構でも、費用対効果を明確化して、コールセンターの改善に取り組んだことがあった。

以前、大きな社会問題になったのでご記憶の方も多いと思うが、社会保険庁の「ねんきんあんしんダイヤル」は電話を何度かけてもつながらないという大きな批判にさらされていた、あの問題だ。

実際、当時のコールセンターの受電率（かかってきた電話に応対できた割合）は散々だった。数字にしてなんと10％以下。クレームが押し寄せても当然という状況だった。

しかし、現在では90％以上の受電率で推移している。いったい、何が功を奏したのか。

業務改善のプロとしてこの問題の解決に取り組んだ私はまず、あまりにも低い受電率の原因をリサーチした。すると、民間では考えられない前近代的な業務実態の数々が判明した。

その一つが、「ねんきん特別便」をはじめとするレターを、特定の日に集中して発送していたことだ。いかにもお役所的な行動だが、後先を考えず、現場サイドの都合だけで一斉に送付していたわけだ。

これでは電話がいちどきに集中するのも無理はない。レターの内容について確認したいと電話をかけた人が殺到し、電話はほぼふさがってしまった。そのとき、人はどういう行動をとるかといえば、何度もかけ直すのである。当時、だいたい一人の人が3回はかけ直していたため、見かけのコール数は3倍に膨れ上がった。

受電率の分母はこの見かけのコール数になるので、つながらなければ分母は増える。電話をかけて、ほぼオペレーターと話ができる場合の受電率はおおよそ80％だが、この数字が70%を割り込むと、人は待ちきれなくなり、さらに電話をかけるようになる。結果として、あっという間に受電率は20%以下に低下してしまうのだ。

ピークの抑制にも役立つ

この解決策として、レターの送付は、コールセンターの負荷を考えて分散させた。コールセンターの人員というのは、特定の時期だけ人を採用するということが難しい。いくら、この時期には大量のコールが予想されるからといって、その時期だけ人を増やし、閑散期にはまた人減らしをするというのは困難だ。オペレーターの採用コストが莫大にかかるし、トレーニングをしなければ現場には到底立たせられない。

当然トレーニングコストも発生する。人の増減に合わせて、コールセンターの広さを調整するのも不可能だ。

結局、現状の人員で問題なく電話に応対できるように、入ってくるコールの方をコントロールするしかない。そこで、反応を見ながら、毎日少しずつレターを発送する方法に切り替えた。これが一番現実的であり、合理的な方法なのだ。

さらに付け加えると、レターの文面も見直した。

というのも、当時送っていたレターの文面は法律用語が満載の、非常にわかりづらい文面だったからだ。コールセンターが対応にかなりの時間を要していたのもそのためだ。文面が、読み手の立場、対応するコールセンターの立場を無視した難しい表現であることに気づいたのも、要因分析レポートのおかげである。

発送時期の見直しと文面の改良。この2つの施策によって、受電率は飛躍的に改善したわけだ。

このように要因分析レポートには経営上、少なからぬ効用がある。経営上のメリットをまとめてみよう（次ページ参照）。

経営上、もっともまずいのは、具体性がないまま、「なんとなく」「行き当たりばったり」で行う改善だ。それは改善とはいわない。

因果関係を知ることこそ改善の第一歩。長くかかるように見えても最終的には問題解決の近道となる。

要因分析レポート

経営上のメリットはこれだ！

メリット 1
原因と結果が理解できる

メリット 2
川下が川上に改善要求を突きつけられる

メリット 3
数値化による優先順位が明確になる

メリット 4
イメージでなんとなく改善しているふりをしている状況から、改善の費用対効果が計算できるような状況になる

メリット 5
ピークの抑制について議論できる

ケーススタディ 4

プロジェクトマネジメント型会議議事録

A4判1枚に
ひと目でわかる「構造」を作る

議事録は「読まれてなんぼ」

会議が終了した後にまとめられ、社内で回覧される会議議事録。会議で決まったこと、決まっていないこと、これからやるべきことを記した貴重な資料であるはずなのに、なぜかろくに読まれないままスルーされることが多い。

読まなくてはいけないとは思いつつも、読む気になれない。目を通しておかなければ怒られるような気がするので、とりあえず見るものの、熟読できない。そうした人が少なくないのは、そもそも議事録の作り方に問題がある。

議事録というのは「読まれてなんぼ」。目を通してもらってこそ意味がある。読まれない議事録には何の価値もない。

議事録が読まれない理由は簡単だ。読む価値を感じない議事録だからだ。事業を円滑に進め、自分の仕事に不可欠な議事録であれば、誰しもしっかりと目を通すはず。

ここでは読まれる議事録、読みたくなる議事録を作るための考え方と手法を紹介していこう。

議事録を作成する上で必須なのは、プロジェクトマネジメント的な考え方だ。プロジェクトマネジメントとは、与えられた目標を達成するために、人材、コスト、設備、物資、日程を調整し、全体の進捗状況を管理すること。この手法を応用した会議議事録であれば、業種業態を問わず、IT企業であろうとベンチャーであろうと、重厚長大のトラディショナルな企業であろうと、すべての企業に応用できる。

しかも、経営会議、重役会議、部門定例会議、予算会議、進捗状況の報告会議など、テーマが何であろうと、出席者がどんなメンバーであろうと、あらゆる会議に適用可能だ。オールマイティな会議議事録、それがプロジェクトマネジメント型である。

A4サイズにフォーマット化せよ

プロジェクトマネジメント型会議議事録の最初のステップは、フォーマット化することだ。こう書くと、我が社には我が社なりの書き方や決まりがあって……という反論が出るかもしれないが、最近はどの会社も転職組が増えている上、買収や合併などで出身母体が異なる社員が当たり前のように存在しているため、実は決まりといっても一様ではない。それぞれが自分なりのやり方でとりあえず議事録をまとめてみました――というのが、実態ではないだろうか。

転職組が少ない時代であれば、先輩から議事録の書き方や議事録に関する慣習を手取り足取り教えこまれ、定形がきっちりと決まっているという会社が多かったかもしれないが、そんな時代はとうに過ぎ去った。会社が、出身が違う人間の集合体になってきている現状を考えると、フォーマットは自分で意図的に決めた方がいい。

形としてはA4サイズ1枚に統一しよう。このサイズであれば、ひと目でパッと内容をつかめる。議事録は早く目を通してもらうのが一番。読むのを後回しにしたくなるサイズや分量では意味がない。

最近はトヨタが報告や提案、企画書をA3用紙1枚にまとめて仕事の改善を図っていることから、A3サイズが脚光を浴びているが、私はA3よりも断然A4派だ。

鞄に入れるにしても、A3サイズだと折りたたまなければならない。A3サイズの書類を使いたがる役所や会社は少なくないが、会議でいちいち閉じたり開いたり折ったりしなければならないのは面倒くさい。

また、何よりも問題なのは、ひと目で何が書いてあるかがわからない点だ。視線を左上から右上、左下のように移動させなければ、内容が理解できない。頭の使い方や目の動かし方がA4よりも格段に難しくなるのだ。

それに引き換え、A4サイズなら横長にしても、縦長にしても、そこに書いてある構造がそのまま目に飛び込んでくる。どこに何があるのか、自分のほしい情報を見た瞬間に手に入れることができるのは、A4サイズならではのアドバンテージだろう。

鞄にそのまましまえるのも便利だ。A3はA4の倍のサイズだが、効率の面からいうと、A4の方がお勧めだ。A3はA4の倍以上の手間を要するように感じる。

また、会議議事録をメールで添付して送る会社が増えていることを考えると、なおさらA4の方がお勧めだ。PDFで送付されたA3サイズの資料を開くと、画面上では文字が非常に小さくなってしまう。いちいちカーソルを動かして文字を判読しなければならないのは不便極まる。

紙の文化が終わりに近づいている現状を考えても、やはりA4サイズの方がベターだ。特に、会議の議事録のような、読むのにあまり時間をかけるべきではない資料こそ、上から下まで目を通せば1回で理解できるA4で統一したい。

縦の線で揃えよう

議事録を書くときに、会議での発言を逐一記入するという人をたまに見かけるが、これもNGである。

部長がこう言った、それに対して課長がこう言ったと仔細に記された速記録のような体裁の会議議事録は、良い議事録とはいえない。発言内容を細かくチェックするのに役に立っても、議事録としての価値は低い。

会議議事録で大切なのは、何のテーマで話しているのかが構造化されていること。例えば、図表4－1のように、テーマが各ブロックの実績報告ならば、各ブロックの実績報告の中身がわからないといけない。中身を理解した上で、ある程度構造化しながらまとめていくことが議事録作成者の役割だ。

ここでいう「構造化」とは特別に難しいことでも何でもない。ベタ打ちではなく、項目を縦に揃えるだけでいい。図表4－1では、売上と粗利の数字は縦の線で揃っていて、ひと目で売上と粗利、前月比と対予算比がわかるようになっている。一瞬のうちに理解できるビジュアルが重要だ。

もし、「各ブロック報告」の項目で、売上と粗利をだらだらとつなげてしまうと、とたんに両者の関係が見えなくなる。縦の線で揃える。この点をまず意識してほしい。

フォーマットが決まっていれば、どこに何が書いてあるかがすぐに把握できるので、自分の必要な情報に即座に到達できる。

しかし、これが構造化されておらず、文章がベタ打ちされ、発言した順番通りに、発言

図表 4-1

9月営業会議議事録

<table>
<tr><td>日時</td><td colspan="4">平成26年9月29日　10時～12時</td></tr>
<tr><td>場所</td><td colspan="4">本社16階　1603会議室</td></tr>
<tr><td>出席者</td><td colspan="4">営業部　谷中部長、東日本ブロック本部　田中本部長、
西日本ブロック本部　佐藤本部長、マーケティング部　真田部長、
石原係長、営業部　山田</td></tr>
<tr><td colspan="5">アジェンダ</td></tr>
<tr><td rowspan="2">各ブロック報告</td><td colspan="4">（報告）東日本ブロック 売上　13億8000万円（前月比5%増・対予算105%）
粗利　2億2000万円（前月比4%増・対予算103%）</td></tr>
<tr><td colspan="4">（報告）西日本ブロック 売上　10億3000万円（前月比2%増・対予算103%）
粗利　1億2000万円（前月比1%増・対予算101%）</td></tr>
<tr><td rowspan="4">新サービスの販売手法</td><td>事項</td><td>責任者</td><td>アウトプット</td><td>納期</td></tr>
<tr><td>（決定）
マーケティング部</td><td>真田部長</td><td>ユーザー調査報告</td><td>10月20日</td></tr>
<tr><td>（決定）
東日本ブロックでまず先行発売を実施</td><td>田中本部長</td><td>販売目標を来年2月で再計算</td><td>来年2月より</td></tr>
<tr><td>（未決）
販売促進キャンペーン</td><td>真田部長</td><td>広告代理店案から決定予定</td><td>次回の営業会議</td></tr>
<tr><td>配布先</td><td colspan="4">ボードメンバーおよび参加者</td></tr>
<tr><td>議事録作成者</td><td colspan="4">営業部　山田新次郎</td></tr>
<tr><td>作成日時</td><td colspan="4">平成26年9月29日　13時</td></tr>
</table>

内容が記されていたりすると、もう何がなんだかわからない。自分が求める情報にたどりつくまで時間を要する。これはまったくムダな手間だ。手間を省き、効率化するためにもフォーマットをまず決めてしまおう。

なお、この議事録は、ブロック報告の詳細な内容に関しては添付資料にしたという設定だ。ブロック報告の中身まで議事録に入れてしまうと、長大になってしまうので、議事録からはカットしている。

配られた議事録が長いと絶対に読まれない。資料を添付するか、当日に配布し、必要がある人はそれを見る、という形で十分である。

報告なのか決議事項なのかをはっきりと区別

報告事項と決議事項をはっきりさせるのも、会議議事録をまとめる上で必須事項だ。

例えば、販売促進のキャンペーンを実施する際に、そのキャンペーンについて「いま検討している」という話なのか、あるいは「決まったこと」として報告をしているのか、それとも「決議をしているのか」を明確にしないと、議事録として役に立たない。

定義が曖昧な議事録を作ってしまうと、「コンプライアンス部はキャンペーンの実施が決まったとは思っていなかった」とか「検討中だと途中経過を聞いてはいたが、部として正式にＯＫの返事を出したわけではなかった」のような話になりかねない。

そうならないためにも、自分の権限で決められることであれば、「自分の権限で決めたので、これは報告です」とすればいいし、自分の権限で決められないことであれば、「コンプライアンス部や会議に出席している人の同意や賛成を得た上で決定する必要がある」とすべきだ。その会議の場で決定するために持ってきた案件であれば、「決議事項」としなければならない。

仮に、決議事項だったのにその場で決議されなかった場合には、必ず「未決」として分けておく。「報告」なのか「決定」なのか「未決」だったのかを必ず議事録に記すこと。しかも、必ず頭の部分に入れたい。

日本語は曖昧な表現がいくらでも可能な言語だ。しかし、明言することを避けて、抽象的な表現を使ってしまうと、決まったのか決まっていないのか、よくわからなくなり、「あの件、どうなったんだっけ」「そういえば会議したな」「で、結論はどうだったたっけ」などという事態に陥ってしまう。

決まったのか決まっていないのかはっきりしない、気持ち悪い状況をなくしていくためにも、報告なら報告、決定なら決定、未決なら未決と3つに分類して、冒頭に書くと決めてしまおう。これでもう後で困ることはなくなるはずだ。

図表4－1を見ると、「新サービスの販売手法」の項目では、3つの事項が記されているが、いずれにも（決定）（決定）（未決）とはっきりと記入されている。例えば、「マーケティング部が真田部長の責任のもとに、ユーザー調査報告をまとめることが決定され、その納期が10月20日である」ことが誰にもわかるようになっている。

議事録を見さえすれば、その事項の担当者がするべきことが誰の目にも明らかだ。担当者に「これが決まった以上はやらなければいけない」と自覚させ、退路を断つ。議事録とはこうでなければならない。

事実と評価は分けて記そう

事実と評価をごっちゃにしないこと。これも、会議議事録において非常に重要な点である。

例えば、新しいＩＴ機器の展示会に行って、他社の新製品のブースに行列ができ、20人ほどがひっきりなしに質問を担当者に投げかけ、非常に活気があったという事実を会議で報告するとしよう。

このとき、事実をありのままに書くのは構わない。「盛況だった」と書く分には何の問題もない。

ただし、「非常に興味深い製品だとマーケットではとらえられているように思われる」のように記してしまうと、それは事実ではなく書き手の評価になる。事実の報告ではなく、書き手の印象が含まれているからだ。印象や評価は、必ず事実とは別に書かなければならない。明確な線引きが必要だ。

議事録に、感情的な要素が入る余地はゼロだと心しよう。個人の感想などを下手に入れてしまうと、議事録がとたんに情緒的になり、プロジェクトマネジメント的なスタンスから遠ざかる。起きたこと、決まったことを淡々と記せばそれでいい。

次のときまでにやっておかなければならないことについては、「いつまでにいくらのコストでこういうモノを作る」というプロジェクトマネジメントの作法にならって、はっきりとさせよう。次回の会議までに、誰がどんなものをいつまでに提出するのかを議事録に明記するのである。

このとき、必ず体言止めにすることも強調しておきたい。図表4－1を見ると、「ユーザー調査報告」「納期10月20日」とあるが、もしこれを「ユーザー調査をする」という表現に替えるとどうなるか。

「ユーザー調査は実施するが、報告まではしなくていいのかもしれない」という解釈も可能となり、次回の会議の席で「ユーザー調査は実施しました。いま資料を精査中です」となるかもしれない。「ユーザー調査の報告」までを期待していた他のメンバーはあてがはずれ、日程が後ろにずれこんでしまう。そんな事態も考えられる。

サラリーマンとは、自分のいいように解釈をして、甘えてしまう傾向がなきにしもあらずの人種である。それを防ぐためにも、表現は必ず体言止めとし、アウトプットを明確に定義することを心がけよう。

責任者や納期、アウトプットを明確に決めよう

責任者と納期についても、必ず明確に決めておきたい。

図表4－1の例でいえば、東日本ブロックで先行発売を実施すると決めたのなら、田中本部長は次回の会議までには来年2月までの販売目標を再計算し、来年2月からは先行販売をスタートさせなければならない。一つひとつの事項について、責任者、アウトプット、納期の3つをはっきりとさせることが大切だ。

よく会議が多すぎて仕事が進まない、朝から晩まで会議ばかりしているせいで仕事がはかどらないという愚痴を耳にするが、本当の意味で会議が会議として機能していれば、そ

んなことは絶対に起きるはずがない。

一日中会議をしていたら、誰が責任者でいつが納期で何をすべきかが、さくさくと決まっていく。そうなれば生産性は確実に上がる。そうならないのは、責任者や納期、アウトプットを明確に決めていないからだ。

会議の最後に忘れてはならないのは、議事録の確認だ。3分でいいから時間を確保し、出席者全員に議事録の内容を確認してもらおう。

このとき、ホワイトボードを使うという方法もある。あなたが司会と書記を兼ねている場合には、ホワイトボードに図表4－1にあるような内容をどんどん記入していこう。それを別の誰かがパソコンに打ち込んで、Wordで配布すれば、その場で全員が情報を共有できる。

もしそれが手間だというなら、スマホのカメラでホワイトボードを撮影し、メールに添付してみなに送ってもいいだろう。また、できるかどうかは人にもよるが、パソコンで打ち込んでいる議事録をホワイトボードにプロジェクターで映し、書記はどんどん議事録を書き進めていくことも一つの方法だ。

もっとも、この方法だと司会進行にまでなかなか気が回らなくなるので、他に司会がいて、自分は議事録を画面に投影しながら書くことに専念できる場合に限定されるかもしれない。

いずれにしても、会議の場での議事録の確認は必須事項。まとめた内容に異議申し立てがあれば、その場で追加をしたり修正を行ったり、再検討も可能となる。こうしたちょっとしたひと手間が、会議の質の向上に結びつくのだ。

配布先、出席者も明記する

会議議事録の配布先についても決めておきたい。これは意外に忘れられがちだが、非常に重要な決め事だ。

例えば、自分がいま参加している会議の議事録がボードメンバーにまで配布されることを知っているのと知らないのとではどうだろう。参加者の意識が異なり、会議の意味合いが俄然変わってくるのではないだろうか。

情報を共有している先はこれらの人たちですよ、と知らせておくことには意味がある。配布先は事前に必ず決めておこう。

配布先と同様に、出席者名を書いておくことも大切だ。果たして、関係部署が全員揃って決めているのか、欠席が目立つのか、もともと呼ばれていないのか。そうしたことが、出席者の顔ぶれから明らかになる。

もしコンプライアンス部の出席が必要なのに、コンプライアンス部不在で進めてしまった会議だとすれば、社内的には効力が完全ではない会議として位置づけられ、もう一度、改めて会議を開催する必要が出てくる。社内でコンセンサスを作っていくためにも、会議の出席メンバーを確実に記しておきたい。

いつ誰がこの議事録を作ったのか

また、議事録の作成者についても明記すること。部署名だけではなく、個人の名前をフルネームで入れよう。

誰が作ったものだかわからない議事録は修正も利かなくなる。必ず、どこの部署の誰が作ったかという事実をはっきりとさせ、できれば連絡先も書いておく。

「この議事録に何かクレームがある人は言ってこい、必要であればいつでも修正するぞ」というのはちょっと過激な表現だが、それぐらいのスタンスでまとめなければ議事録は成り立たない。

いつ作ったのかがわかるように、作成日時の記入も忘れずに行いたい。会議の日時は入れたが作成日時はなしというのでは、議事録としては不十分だ。議事録を会議の当日にすぐ作成し、すぐ配ったという場合でも、その鮮度の高さを知らしめるためにも日付は必ず記入すること。

もし、訂正が入り、バージョンが変わったら、「いつ」「誰が」「どの部分を訂正した」のかがわかるようなバージョン管理が必要だ。その場合には、「いつバージョン1を作成したのか」についても記しておいた方がいい。

ここで、プロジェクトマネジメント型会議議事録の表現のポイントをまとめてみた（106ページ参照）。

こうして並べてみると、いずれも基本的なことばかりではあるが、こうした基本を踏まえていない議事録が会社の中に氾濫している。いまこそ基本に立ち返り、何が決まり、何が決まっていないのか、誰がいつ作り、誰が出席したのかを明記した定型フォーマットの議事録を作成しよう。

書記には権限を持たせよう

私はよく、日本企業のトラディショナルな会議に出席しているが、責任者と納期とアウトプットの定義をしていないことが本当に多いことを痛感する。

出席者の誰もが、なんとなくわかったような感じで進行してはいるものの、実は参加者がそこで決められたことをよくわかっていないということが多々ある。「何が決まって、何が決まっていないのか」が漠然とした会議なのだ。

会議ばかりやっていて、生産性が低いという会社の会議はおおむねこのタイプに属する。何か話し合ってはいるけれど、自分に必要な情報が足りないから決められないのか、情報はあるけれど権限がなくて決められないのか、ただダラダラと話が続いていく。そんな会議は時間の浪費でしかない。

本当であれば、力のある人間が書記を担当し、会議を進めていくのが望ましいが、若い社員に任せられることが多いため、最後の部分をなんとなく曖昧なまま、ふわっと終わらせてしまう。

会議の席で議決しなければいけないことは議決し、曖昧さを残さないようにするには、権限が必要だ。

一般的に会社の会議で書記を任せられているのは若手社員で、書記は補助的な業務とみなされているが、もともとは大きな役割を担っている。例えば、会議の途中で、西日本ブロックから売上の報告はあったたが、粗利の報告はまだされていないという場合、担当者を促し情報を出させるのも書記の務めだ。半ば司会のような役回りを書記が務めることで、会議

プロジェクトマネジメント型会議議事録

表現のポイントはこれだ！

ポイント 1
フォーマット化する

ポイント 2
A4サイズ1枚にまとめる

ポイント 3
会社で決まったフォーマットがあっても、組み込める部分は組み込む

ポイント 4
テーマははっきりと打ち出す

ポイント 5
ベタ打ちではなく項目を縦に揃えること

ポイント 6
報告と決議事項を分ける

ポイント 7
決議事項は決定事項と未決事項に分ける

ポイント 8 事実と評価を分ける

ポイント 9 体言止めで数字を入れる

ポイント 10 責任者と納期とアウトプットの内容を決める

ポイント 11 議事録の内容を会議の場で確認する

ポイント 12 配布先を決めておく

ポイント 13 出席者を明記する

ポイント 14 作成者と作成日時も忘れずに書き入れる

の質は上がっていく。

本来であれば、書記はある程度、年長の人がやった方がいい。会議は事前通知の前の段階から始まっていて、誰を呼び、誰は呼ばなくていいのか、どの部署から人を招集すべきなのか。そうした準備と議事録は不可分の関係にある。

とはいえ、年長の人間が書記を務めるというのも、日本の企業文化を考えると難しいので、最低限、書記という役回りを軽視することなく、議事録に関連した権限だけは持たせたい。裁量権のある書記が会議の内容をまとめ、会議の結果をみなが共有できるようにすれば、社内に「会議とは本来はこういうものだ」という相場観のようなものが生まれ浸透していく。そうなれば自然と会議の生産性が高まっていくはずだ。

良い会議議事録は逃げ道を断つ

プロジェクトマネジメント型の会議議事録を作成すれば、メリットは大きい。経営上の意味を挙げてみよう。

各自がやるべき内容や期限を会議の場でしっかりと決め、各自がそれを守る会議文化が根づいていれば、もう言い訳は利かない。もし自分がやるべき業務が納期にどうしても間

プロジェクトマネジメント型会議議事録

経営上のメリットはこれだ！

メリット 1

会議の結果が明確になり、次のステップが明らかになる

メリット 2

誰が責任者かが明確になる。多くの会社の会議がムダになるのは、結局実行するのが誰だか不明確だからだ

メリット 3

納品すべきアウトプットが明確になる

メリット 4

逃げ場や曖昧な言い訳が通用しなくなるので、次の一手が打ちやすい

に合いそうにないという場合には、「いや、無理です」「納期は○日ということでお願いします」といった具合に、各自が会議のその場で主張するはずだ。

いついつまでにアンケートを取ったけれど、レポートまではまとめていない。でも、会議の主宰者としては、本当は今日のこの会議でレポートを発表してもらいたかった——などというズレが生じることもない。

逃げ道を作ってしまうから、本当は期限に遅れそうなのに、「レポートまでまとまっているので、なんとかできると思います」などという、わかったような、わからないような、ふわっとしたつかみどころのない回答が許されてしまう。

間に合いそうもなければ間に合わないと、その場で主張すれば、いくらでも手が打てる。早めに状況がわかれば、手伝いを出すなり、費用を上積みするなり、解決方法はいろいろ考えられる。後から「やっぱりできませんでした」と言い出すから問題なのだ。

各自が「報告」の定義を微妙にずらす余地がなく、後出しジャンケンが利かないようにすること、それが良い会議議事録の条件だ。

ソフトバンクでの会議のスタイルは、いろいろなことをその場で議論し、やるぞといって解散し、実際にその通りに業務が進行し、各自が遂行していた。それは、プロジェクトマネジメントの考え方を会議に取り入れ、誰が何をいつやるのかを明らかにし、決まった以上はその内容に沿って各自が動くという企業文化が根づいていたからだ。

プロジェクトマネジメント型会議議事録はあらゆる業種のあらゆる会議に応用できる。ぜひこの議事録を取り入れ、会議をムダなくスムーズに効率よく進め、生産性を上げていってほしい。

ケーススタディ 5

プロジェクトマネジメントシート

工程を担当者単位で
シンプルに管理する

デスマーチが強いられるプロジェクト

ケーススタディ4では、プロジェクトマネジメントの考え方にもとづいた会議議事録について説明したが、このケーススタディ5では、プロジェクトを進行させる場で効果を発揮するマネジメントシートを取り上げることにしよう。

日本のビジネスシーンを見ていると、いままさにプロジェクト流行り。複数のプロジェクトが同時進行しているという会社が本当に増えている。

これには、サービスの変化が背景にある。現代は一つのハードウェアだけで製品が完結することが少ない。例えばｉＰｈｏｎｅに見るように、マーケットで支持されているモノやサービスは、さまざまなハードやソフトウェア、そして、いろいろな業種との組み合わせによって実現している。

つまり、一つの部署内で完成・完結するモノやサービスが減っているということだ。複数の部署や、ときには社外まで巻き込んで集められた異なる立場、異なる発想の人たちの集合知が欠かせなくなっている。プロジェクトが増えてきているのはそのためだ。

しかし、当初予定していたスケジュール通りに進行するプロジェクトは極めて稀といっていい。一つの工程の遅れがさらなる遅れを呼び、納期には到底間に合いそうもないペースで進められ、納期直前になって上層部がチェックすると、予定通り進んでいないことが判明し、トップの「徹夜で仕上げろ」という鶴の一声が発せられる。そこからはプロジェクトメンバーがみな、ろくに睡眠も取れない状態で仕上げにかかりっきりという状態が続く。そんなプロジェクトはざらにある。

メンバー全員がへとへとになって仕事に向かう、まるでデスマーチ（死の行進＝IT業界のシステム開発現場における過酷な労働環境を指す）のようなプロジェクトは、珍しくもなんともない。

だが、よく考えてみよう。

予定通りに進めば、デスマーチを強いられることはないはずだ。なぜ誰もがそこまでつらい思いをしなければならないのだろう。

見た目はいいが、使いこなしが難しいガントチャート

ルーティン業務に関してはスケジュール通りに進めることができる会社が、なぜかプロジェクトとなると予定通りに進められない。ルートセールスなら遅れることなく確実に回

れるし、請求書を出せとなれば期限に間に合うようにしっかりと仕上げて発送することができるのに、どうしてプロジェクトとなるとうまくいかないのか。遅延、トラブルが噴出するのか。

私は問題の一つは、ガントチャートにあると見ている。ガントチャートそれ自体がいけないということではなく、使いこなせない現状に問題があるのだ。

ガントチャートという名前を知らなくても、見たこと、利用したことはあるという人は多いと思う。これは、工場などの生産工程管理に用いられる表のこと。横軸に時間を、縦軸に人員や設備等を記し、各工程の作業開始日や完了日などを記入して、進捗状況がわかるようになっている。

プロジェクトが立ち上がると、たいがいの会社ではまずガントチャートを作成する。最近は、一つのタスクが遅れると全体が自動的に調整される便利なガントチャート専用のソフトウェアも開発されている。

だが、見たところ、プロジェクトの管理にはうってつけのように見えて、意外にガントチャートは使えない。なぜかといえば、結局誰もこのガントチャートを使いこなせないからだ。

現場の動きに対応できない

現場の動きは、スケジュール通りに進まないものだ。多くの場合、予定よりも遅れ、仮に早く進行したとしても、その変化にガントチャートは対応できない。そうなると、相互依存関係がわからなくなる。

各自がガントチャートの自分の工程だけを最新版に修正したのでは、相互関係が不明瞭になるので、どこかで統合する必要があるが、それには大変な手間がかかる。プロジェクトマネージャーに読み解いて分析する暇がないということも多い。

かといって、ガントチャートを管理する専任の人間を一人置くというのではコストがかかりすぎる。

結局、ガントチャートは上層部に見せるためにだけ存在し、現実はガントチャートをよそに進行するというのは、笑い話のようだが、よくある話だ。正直に告白すれば、かくいう私も以前は、プロジェクトといえばガントチャートと思い込み、無駄な作業に時間を取られていた。そういう人はけっこう多いのではないだろうか。

ガントチャートの出番があるのは、プロジェクトメンバー以外の人にプロジェクトの進行について説明するときぐらいで、肝心のメンバーは誰もこのチャート通りには動いていない。そういう事態が常態化すると、もはやプロジェクトの管理は空洞化したに等しい。

それでもガントチャートがもてはやされ、プロジェクトで多用されるのは、見た目がよく、作成するだけで何か仕事をした気分になれるからだろう。

そう、ガントチャートは、手間はかかるが実用的ではない。もちろん使いこなせれば便利に使えるツールであることは間違いないが、使いこなす習慣や文化がないところでガントチャートを導入しても、所詮、絵に描いた餅でしかない。いま目の前に見えている業務を入れて、ただ線を引いてみましたという例も多いのである。

であれば、もっと手間がかからず管理しやすく、現場の進行に合わせて管理できる別の「何か」が必要だ。その「何か」が、ここで紹介するプロジェクトマネジメントシートである。

シンプルだが進行管理には必要十分

図表5－1のプロジェクトマネジメントシートを見てほしい。

このシートで想定しているのは、大手の家電品メーカーだ。毎年、新製品を発売しているこの会社では、秋に控えた大型新製品の発売を前に、キャンペーンや代理店教育のプロ

図表 5-1

プロジェクトマネジメントシート

作成日：平成26年7月25日　作成者：木村 弘

プロジェクト	タスク	アウトプット	納期	担当者
新製品 キャンペーン	キャンペーン 企画書	取締役会承認	9月15日	山田
	グループ インタビュー	レポート	8月1日	田中
	代理店選定	代理店決定	8月15日	井川
	Web企画書	Web企画書	8月15日	南
新製品 代理店教育	教育マニュアル	教育マニュアル	8月15日	新藤
	ビデオ作成	ビデオ	9月15日	新田
	訪問指導	全国指導	10月1日	京極
物流	物流会社選定	物流会社決定	9月10日	物流部　矢川
	物流マニュアル 作成	マニュアル	9月10日	物流部　沼田
	契約	契約書	8月10日	法務部　佐藤
広報	プレスリリース 作成	プレスリリース	9月10日	広報　湯川
	記者クラブ対応	投げ込み	9月10日	広報　新村
	質疑応答対策	FAQ	9月10日	広報　新村

ジェクトを計画している。

プロジェクトマネジメントを担当するのは販促部の山田さん。キャンペーン企画を立て実行するのがプロジェクトの目的だが、本当のゴールは、代理店に訪問指導をして実際に売り始める10月1日ごろだ。

ご覧のように、プロジェクトは、「新製品キャンペーン」のほかに、「新製品代理店教育」「物流」「広報」の4つに分かれていて、それぞれにタスクが設けられている。「新製品代理店教育」のプロジェクトであれば、タスクは「教育マニュアル」「ビデオ作成」「訪問指導」となる。「物流」のプロジェクトのタスクは、「物流会社選定」「物流マニュアル作成」「契約」の3つだ。

それぞれのタスクには、アウトプットの内容と納期が示され、担当者が明記されている。例えば、「新製品代理店教育」に関して、教育マニュアルを作成するのは新藤さんで、納期は8月15日だ。

表形式のシートは、ガントチャートのような派手さや格好良さはなく、そっけないほどシンプルな構成。いかにも「仕事をしました」という印象ではガントチャートに劣るものの、プロジェクトの進行管理にはこれで必要十分だ。

アウトプットをモノで定義する

このプロジェクトマネジメントシートで大事なのは、アウトプットをできるだけ具体的なモノやアクションで定義することだ。

例えば、「キャンペーン企画書」というタスクであれば「取締役会承認」がアウトプットになる。キャンペーン企画書を作って終わりではないのだ。自分でドラフトを作るアクションと、取締役会で承認を得るアクションとはまったく別。時間的にもギャップがある。ここをはっきりさせないと、あとで混乱を招いてしまう。

しかし、企画書を作り、取締役会で承認を受けるまでがアウトプットだと定義すれば、あとから「企画書を作成しましたが、まだ取締役会で承認は受けていません」などという事態はなくなる。プロジェクト会議の席上で「おまえ、あれはやったのか」「承認は取ってないのか」というやりとりも消える。

同じように、「物流マニュアル作成」のタスクであれば、アウトプットは「マニュアル」そのものだ。「広報」プロジェクトの「プレスリリース作成」のタスクであれば、アウトプットは言うまでもなく「プレスリリース」となる。「物流」プロジェクトの「物流会社選定」

というタスクの場合には、「物流会社決定」というアクションがアウトプットとして記載されている。

アウトプットの明確化については、ケーススタディ4の会議議事録のところでも触れたが（100ページ参照）、ここをきっちりとやっておけば、メンバーの意識にズレがなくなる。進行管理にはアウトプット、納期、担当者の明確化が必須だと考えてほしい。

プロジェクトをうまく回せない例をこれまでたくさん見てきたが、どこもアウトプットの定義が曖昧で、ふわっとつかみどころがないのが共通だった。このタスクをやっているのか、それとももう終わっているのか、管理担当者もわからなくなっているというケースも少なくない。

それも、アウトプットの不明確さゆえに起きる。定義が曖昧だと、出来上がったものがいいのかどうかもわからなくなるのである。

担当者は一人に絞り、必ず明記

日本の伝統的な会社の場合、こうしたシートに担当者の名前を入れることに抵抗を示すところが多い。担当者名どころか、部門名を入れることにすら抵抗する場合もある。部門名を入れてしまうと、部門長が責任者になってしまうため、シートから担当部門の欄自体をはずしてしまうケースすら見られる。

しかし、断言しよう。

担当者がはっきりしていないプロジェクトはうまくいかない。責任者が曖昧なままでプロジェクトがスムーズに進行するわけがない。何か問題やトラブルが起きたときに、責任者不在のプロジェクトは収拾がつかなくなる。

プロジェクトは、メンバーの一人ひとりがやるべきことをやって初めて成立する。担当者がはっきりしないままプロジェクトがスタートすると、それぞれが微妙な勘違いをしながら業務を進めていくことになるので、仕事の手戻りが頻発するのだ。

担当者の名前は一人に絞るのか、あるいは2人や3人でもいいのか。これはよく聞かれる質問だが、複数にすると誰に最終責任があるのかわからなくなる。サブの担当者を置くのは構わないが、最終的な担当者は必ず一人に絞りたい。ここに名前が出たからには、そのタスク遂行に責任を持つということだ。

このシートさえしっかりと作成すれば、各自が担当するタスクについては各自がそれぞれやらざるを得ない。納期までに仕上げざるを得ない。このシートさえ回していけば、プロジェクトはつつがなく回る。

最新版へのアップデートを頻繁に

このプロジェクトマネジメントシートはいったん作成したら、必ずバージョン管理をしよう。

例示したシートは平成26年7月25日に作成しているが、時間が経過すると、ビデオ作成や教育マニュアルの進捗状況など、細かい点で当初とのズレが生まれ、やがて担当者一人ひとりのいうことが微妙に違ってきたりする。

それを防ぐためにはアップデートが必要だ。コンピュータに何か問題点があれば、夜間のうちにバッチ（一括）処理作業を行い、最新のプログラムに書き換えるように、プロジェクトマネジメントシートも最新版に書き換えよう。

しかも、あるタイミングで一斉に最新バージョンに置き換える手続きが必要だ。定例会でアップデートし、できれば週次で最新版に入れ替えるといいだろう。手元にあるのはいつも最新バージョンという状態にしておきたい。

使っているマネジメントシートのバージョンが人によって異なったりすると、プロジェクトの進行に支障が出る。プロジェクトメンバーは誰もが同じマネジメントシートを使い、それが必ず最新バージョンである状態が望ましい。

このアップデートを怠ると、プロジェクトはスムーズに回らなくなる。プロジェクトを軌道から外さないために必要なツールなのだから、目的を達成するために、アップデートは絶対不可欠と考えてほしい。

また、プロジェクトの方向が変わったら必ず作り直すこと。

例えば、10月末までにキャンペーンを準備すればよかったのに、急きょその予定が早まることになったら、どの工程を省けば時期を早められるかを考えなくてはならない。当然マネジメントシートはその方向で改めて作成する必要がある。先に挙げた家電品メーカーの例でいえば、解決策として、「新製品代理店教育」ではビデオを作成せずに直接代理店を訪問して指導することに決め、そのように作り直す。

できるだけ摩擦を少なくして、目的達成のためにいかに調整をしていくかがプロジェクトマネージャーの役割だ。みなに「これだったらやれるよね」「よし、これなら進められるな」と納得してもらうのが仕事である。

工程は担当者単位で区切る

プロジェクトマネジメントシートを作成する上で、工程をどれぐらい細かく分ければばいいのかは悩ましい問題だ。

あまりに細かく分けすぎると管理工程が増えてしまうが、ざっくりと大まかな分け方ではプロジェクトの進行に問題が出るので、担当者単位で工程を区切るのが一番いい。担当者が背負っている仕事を一つの工程としてアウトプットを決め、納期を明確に決めよう。

例に挙げたプロジェクトマネジメントシートでは、「新製品キャンペーン」のタスクは4つに分け、「新製品代理店教育」や「物流」、「広報」といったプロジェクトについてのタスクはそれぞれ3つとなっている。

私の考えでは、人間がひと目で見て把握できる数はせいぜい5つまで。7つ以上になるともうお手上げだ。7つ以上の数を難なくこなし、管理するのは神の領域に入る。できれば一つのプロジェクトでタスク（工程）は5つ以内に抑えておきたい。デフォルトでは細かく分ける必要がないというのが私の持論だ。

ただし、この担当者のこのタスクに限っては進行が遅れそうだという場合、あるいは海外からモノを運ぶので予定が読みづらい、この業務は外注に出す、といった工程についてはその限りではない。

工程を細かく区切ればいいというものではないし、大ざっぱにする方が間違いないというわけでもない。プロジェクトに参加しているメンバー全員が心地よく無理なく管理できるように、管理工数と成果のバランスはケースバイケースで考えよう。こうしてメンバーの状況をみなが共有できるようになれば、ミーティングの時間は確実に短くなる。

ここで、プロジェクトマネジメントシートの表現のポイントを挙げてみよう（次ページ参照）。

権限のないプロジェクトマネージャーはプロジェクトを回せない

ここまで、プロジェクトマネジメントシートについて述べてきたが、最近は、プロジェクトの数が増えているのに、社員全般にプロジェクトマネージャーになりたがらない傾向が高まっているように思う。コンサルをしている会社に行くと、「うちの会社にはプロジェクトマネージャー志望者がいないんですよ」とよくいわれるのだ。

それは、プロジェクトマネージャーがリスクは負わされるのに報酬がないポジションだ

プロジェクトマネジメントシート

表現のポイントはこれだ！

ポイント 1
バージョン管理の意味も兼ねて作成者と作成日を明記

ポイント 2
アウトプットをモノで定義する

ポイント 3
納期と担当者を決める

ポイント 4
担当者単位で工程を区切る

ポイント 5
アップデートを怠らず、各自の手元には最新版を配布からではないか。

ＳＩｅｒ（システムインテグレーター）の世界では特に顕著な傾向だが、納期が間に合わないとすべて責任はプロジェクトマネージャーに押し付けられる。これでは「プロマネ残酷物語」だ。

プロジェクトマネージャーを無事に務めれば取締役になれるという確証があれば、希望者は増えるかもしれないが、現実は、責任だけ負わされて人事的な権限は持たされていない。これでは希望者がいないのも無理はない。

しかし、プロジェクトマネージャーに権限を持たせなければ、プロジェクトの円滑な進行は望めない。プロジェクトマネージャーは経営者から権限を渡され、その権限を小分けにして、プロジェクトを進めていくのが本来の役割だ。

もし、法務部の◯◯さんから「契約書の文言に落ちない」といわれれば、弁護士事務所に相談するように働きかけ、◯◯さんの進捗状況が芳しくないようであれば、納期に間に合うようにリソースをつけたり、遅れるにしてもせめて◯日までに仕上げてほしいと助言したりするなど細かな調整をして、プロジェクトを仕上げるのがプロジェクトマネージャーの務めである。

プロジェクトマネージャーが権限を持たず、責任者やアウトプット、納期を明確にしないプロジェクトの進行はもうやめよう。みなで成果の出ない押しくらまんじゅうをしていても仕方がない。

不測の事態にも臨機応変に対応できる

プロジェクトマネジメントシートは、経営上、次ページのようなメリットがある。

ソフトバンクでは各プロジェクトをこのようなシートでマネジメントしていた。Ｙａｈｏｏ！ＢＢでも、それぞれのユニットに入ってきたお客様からのクレームは台帳に登録し、いつまでに直すのかについても明記していた。モデムの問題の発生要因を分析して問題発生を減らす不良品解消プロジェクトもこのシートで管理した。

プロジェクトには不測の事態がつきものだが、プロジェクトマネジメントシートを使いこなせば臨機応変に対応できる。目標を掲げて立ち上げたプロジェクトを軌道に乗せるために、ぜひプロジェクトマネジメントシートを有効に活用してほしい。

プロジェクトマネジメントシート

経営上のメリットはこれだ！

メリット 1
誰もが作れる、理解できる

メリット 2
更新コストがかからない

メリット 3
変更の多い体制にも向いている

メリット 4
責任が明確になるので遅延しなくなる

メリット 5
プロジェクトメンバーが何をしているのかが現部門の上司に説明でき、必要なら支援を依頼できる

メリット 6
落ちがちな危ない落とし穴がわかるので、プロジェクトマネージャーが重点管理できる

ケーススタディ 6

パレート図

数個の要因を取り除けば
8割の問題が解決する

問題点の発見に役立つパレート図

Ｅｘｃｅｌをバリバリと使いこなして仕事に活かしているビジネスパーソンは多いが、ことパレート図となると活用している人は案外少ない。

パレート図とは、仕事の現場で問題となっている不良品や欠点、クレーム、事故などを原因別に分類し、多い順に並べ替えた棒グラフと、累積比率の折れ線グラフで構成される図のことだ。

このパレート図を作成すると、それぞれの項目の占める割合が一目瞭然になるため、早急に解決すべき問題点を発見しやすくなる。管理・改善活動の重点目標を決めるのに役立つこのパレート図は、ＱＣ（品質管理）の七つ道具の一つとされている（ちなみに、他の6つの道具とは、特性要因図、チェックシート、ヒストグラム、散布図、グラフ・管理図、層別）。これほど便利な道具をビジネスに使わない手はない。問題がどこにあるのか見つからないという方にはぜひともお勧めしたいツールである。

もっとも、優先的に手をつけるべき項目を明確にできる有効な道具ではあるが、Ｅｘｃｅｌで作るのはそう簡単ではない。Ｅｘｃｅｌに数値を入れて、ただグラフ化するだけではパレート図に仕上がらないのだ。そこには、ちょっとした手間や工夫が必要となる。

だが、それも単なる慣れの問題だ。コツをつかめば誰でもスムーズに作成できる。パレート図は、お客様対応などのオペレーションや製造業の生産現場などで発生する大量の業務処理にも応用できる。

この機会にぜひパレート図の作成方法を身につけ、いま現場で起きている問題やトラブルの解決に役立てよう。

80：20の法則

ここでは、モバイル通信サービスの会社のコールセンターを想定し、モデムの障害に関するクレームを題材に取り上げる。

この会社では各プロバイダ経由でユーザーにモデムをレンタルで提供しているが、ここ数ヶ月、このモデムに関するクレームに悩まされてきた。

モデムのクレームとひと口にいっても、その内容はさまざまだ。モデムから変な音がする、時々切れてつながらなくなる、通信速度が非常に遅い、モデムが熱くなる、ランプが点滅

図表6-1

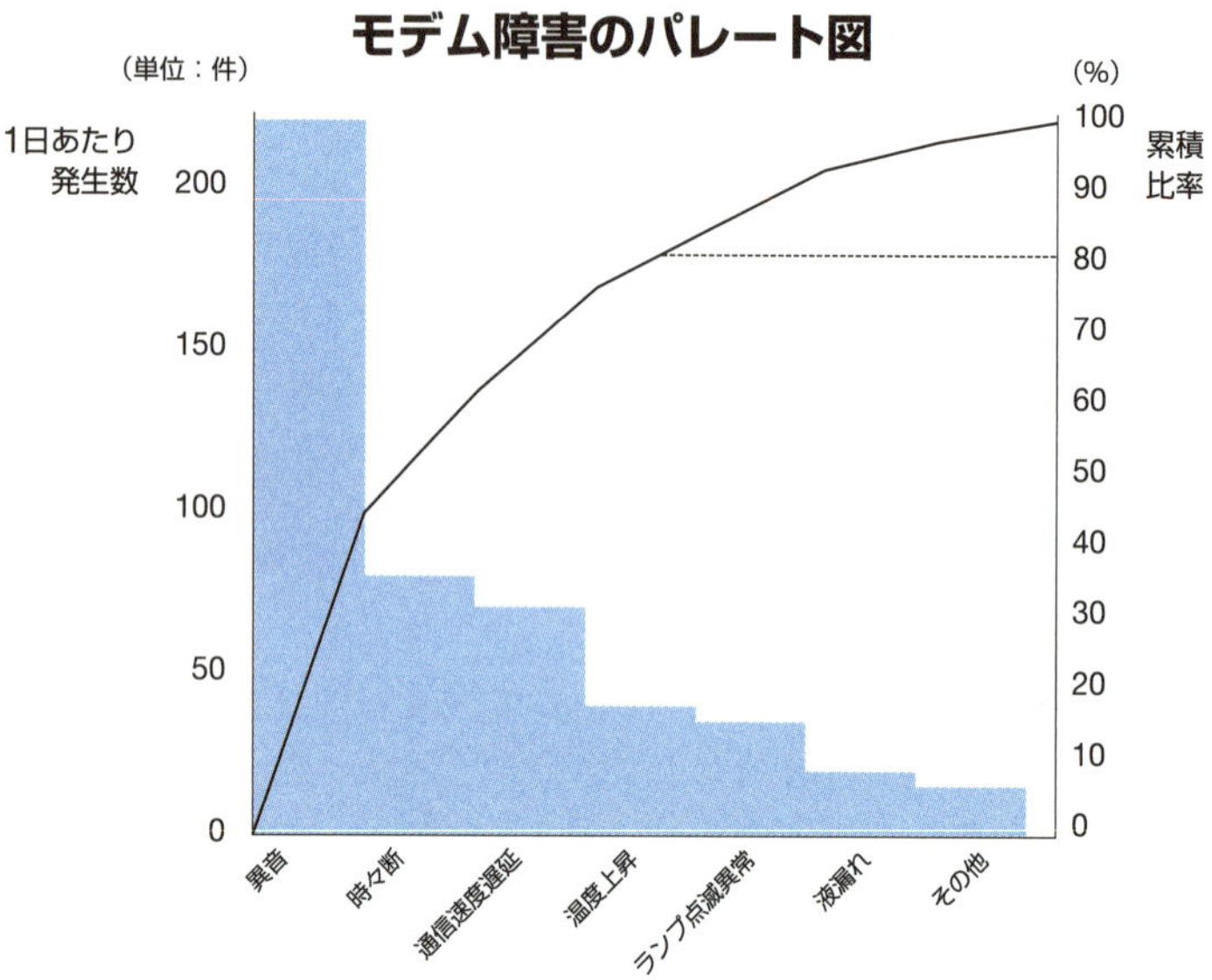

を繰り返している、下から変な液体が漏れてくるなど、このコールセンターでは日々、ユーザーから多くのクレームが寄せられている。

しかし、あまりにもクレームのバリエーションが多いため、どこから解決していったらいいのかわからない。来たクレームを一つひとつ解決していくのでは、効率が悪すぎる。優先順位をつけて対応していけば解決は早いと、担当者はパレート図を作成することにした。そうして完成したのが図表6-1だ。

80：20の法則という言葉を聞いたことがあるだろうか。

一部の要素（20％）が全体のかなりの割合（80％）を占めるという説で「バラツキの法則」とも呼ばれる。この説に従って、全体の8割の要素を取り除こうとするとき、パレート図は大きな力を発揮する。

図表6－1で累積比率を表す折れ線グラフが80％に達しているのは、どの項目かを見てみると、「温度上昇」の項目であることがわかる。

つまり、「異音」「時々断」「通信速度遅延」「温度上昇」の4つの要素を取り除けば、全体のクレームの8割をなくすことができるというわけだ。ほかの項目はとりあえず後回しにして、まずは上から順に4つの項目の解決に集中しようという判断がパレート図によって可能になる。

優先順位がわかれば、問題解決のためにもっと予算をつけようとか、人的な支援を増やそうといった解決策が立てやすい。これがパレート図を作成する一番のメリットである。

パレート図の作り方

では、具体的な作成方法の解説に入ろう。

最初のステップは、もともとのフォーマットを作成することだ。「異音」「時々断」「通信速度遅延」など、モデムの障害に関するクレームを1日あたりの発生数の実数が多い順に並べていく（図表6－2）。

発生数の実数を多い順に入れたら、それぞれの全体に対する割合を計算しよう。「異音」なら46％、「時々断」なら17％となる。以下の項目についても、同様の計算を繰り返していく。それが終わったら、今度は累積比率を計算する。「異音」の46％はそのままだが、「時々断」は「異音」の46％との合計の数字になるので、累積比率は63％となる。以下、他の項目も同様に累積比率を出していく。

ここまで終わったら、忘れずに一番上に1行を挿入し、累積比率の部分に0の数字を記入しよう。これは非常に重要な作業で、あとで累積比率の折れ線グラフを0からスタートさせるために欠かせない（図表6－3）。

ここからが、いよいよグラフ化の作業だ。

まずは普通にグラフを作る。表の中の項目と発生数、累積比率が入った箇所を指定して、シンプルな縦棒グラフに加工しよう。これがパレート図のもとになるグラフだ（図表6－4）。これに少しずつ手を入れながら、パレート図に仕上げていく。

まず、累積比率の0まで表示されるように、最初に図表6－4の系列2を左クリックで指定しよう。図表6－3の累積比率のグラフ範囲の右隅にカーソルを置いて上へドラッ

図表 6-2

	A	B	C
1	項目	発生数	累積比率
2	異音	220	
3	時々断	80	
4	通信速度遅延	70	
5	温度上昇	40	
6	ランプ点滅異常	35	
7	液漏れ	20	
8	その他	15	
9		480	

図表 6-3

	A	B	C	D
1	項目	発生数	累積比率	割合
2			0	
3	異音	220	46	46%
4	時々断	80	63	17%
5	通信速度遅延	70	78	15%
6	温度上昇	40	86	8%
7	ランプ点滅異常	35	93	7%
8	液漏れ	20	97	4%
9	その他	15	100	3%
10		480		

図表 6-4

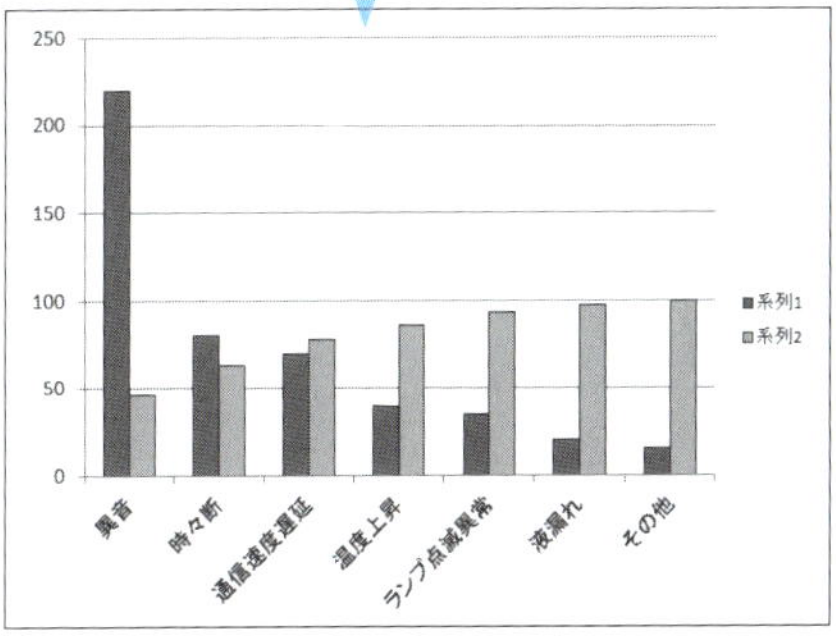

グし、0までをグラフ範囲とする。それぞれの発生数が右にずれて表示されるはずだ（次ページ**図表6-5**）。これはあとから調整するので、そのままにしておいて構わない。ただし、凡例はじゃまなので、ここで削除。

　次に、系列2の累積比率のグラフを棒グラフから折れ線グラフに変える作業だ。左クリックで系列2

図表 6-5

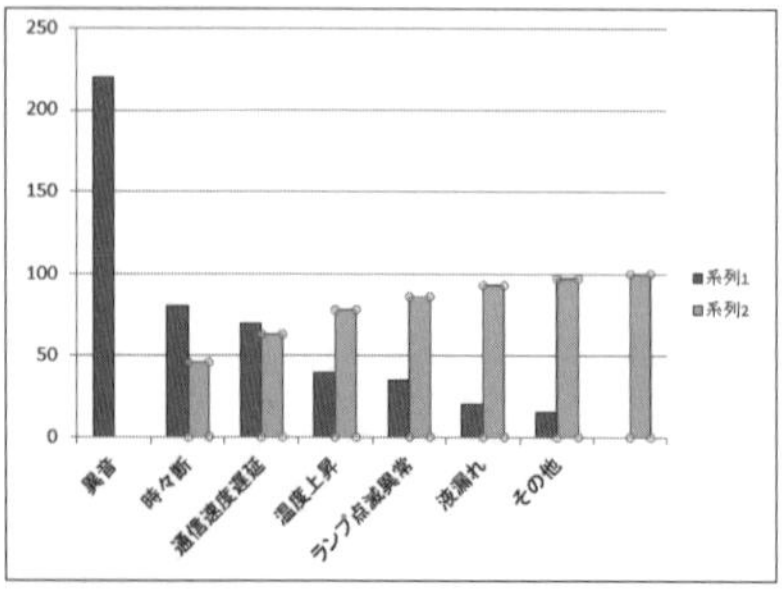

図表 6-6

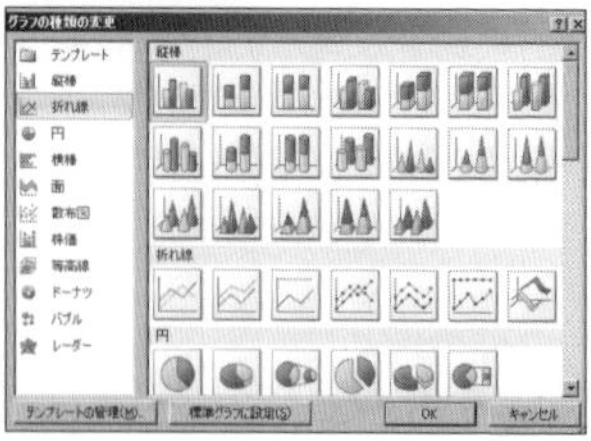

図表 6-7

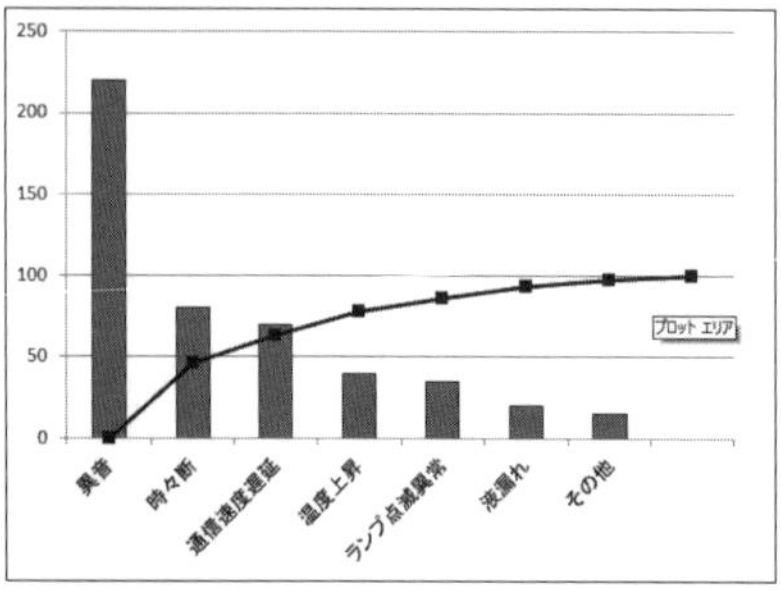

図表 6-8

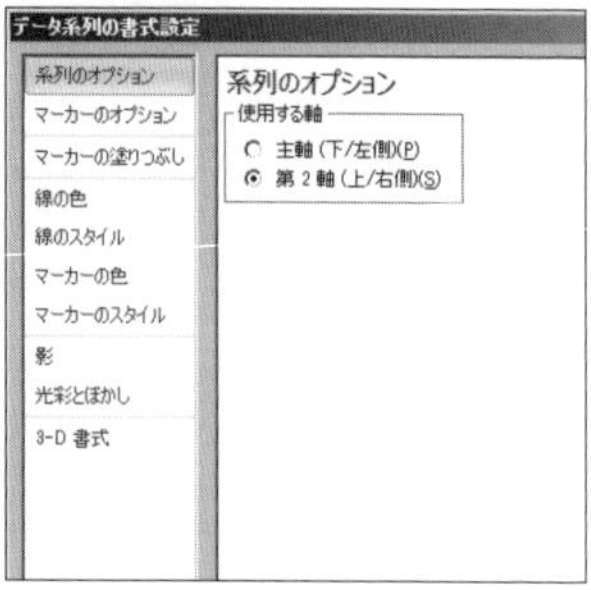

図表 6-9

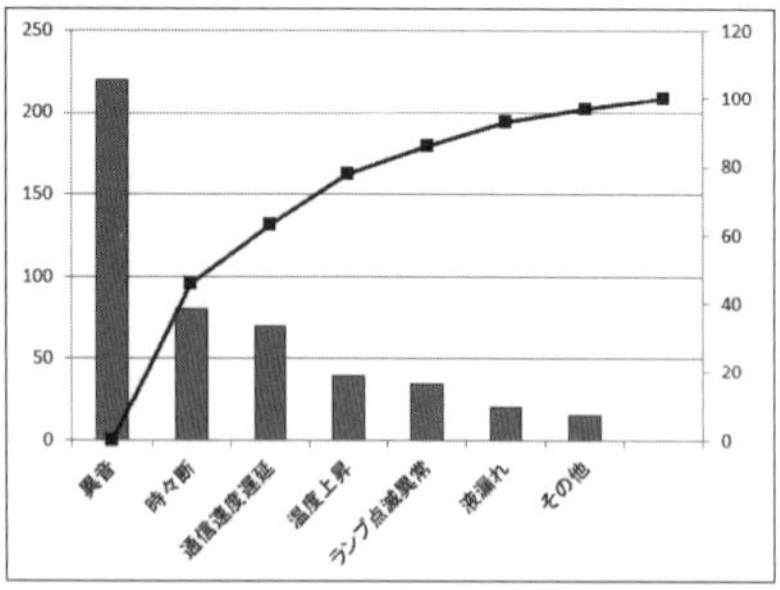

※　図表は Excel 2010 で作成

の棒グラフを指定したあと、右クリックでショートカットメニューから「グラフの種類の変更」を選択して、折れ線グラフに変更する（図表6－6）。すると、0％からスタートして100％まで達する累積比率の折れ線グラフが出来上がる（図表6－7）。

この折れ線グラフを、右側にも目盛りがある2軸のグラフにするには、折れ線グラフの上で右クリックしてショートカットメニューから「データ系列の書式設定」をかければいい（図表6－8）。「系列のオプション」の中から「第2軸」を選べば、右側に折れ線グラフに対応する軸が表示される（図表6－9）。

最小値・最大値を固定する

次に、グラフの右の軸をよく見てほしい。最小値は0で最大値が120になっている。累積比率の最大値は100なので、120までの目盛りは必要ないのに、自動的に最大値120で設定されているわけだ。

左の軸は最大値が250に設定されている。発生数の最大値が220であることから、Excelが自動的に最大値を250にしたため、このように上の部分の空きが目立つグラフになってしまった。

そこで、軸の最大値と最小値を変更しよう。右の軸を左クリックしたあと、右クリックして「軸の書式設定」をかけ（図表6－10）、「軸のオプション」を選ぶと、そこで最大値と最小値を固定できる（図表6－11）。累積比率は％表示なので、最大値は100、最小値は0と入力する。

左の軸も同じように、左クリックで指定したあと、右クリックで「軸の書式設定」を選ぶ。最大値は一番大きい実数である220を、最小値は0を入れよう。

図表 6-10

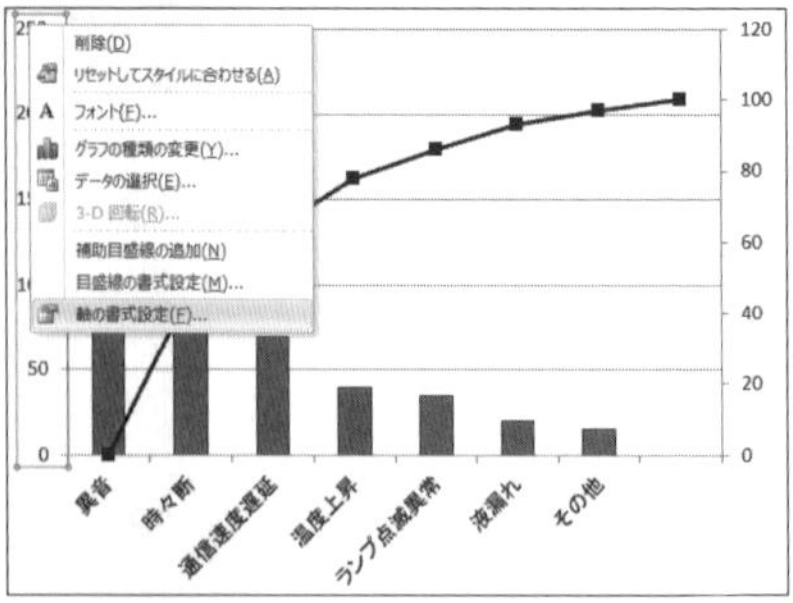

図表 6-11

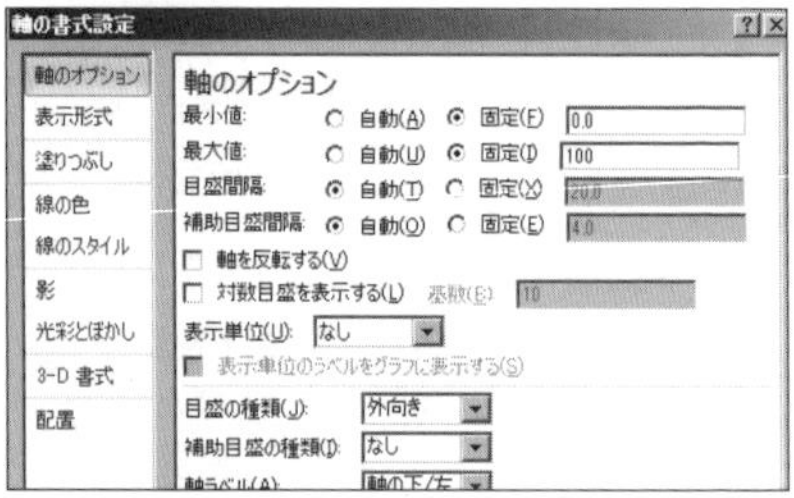

図表 6-12

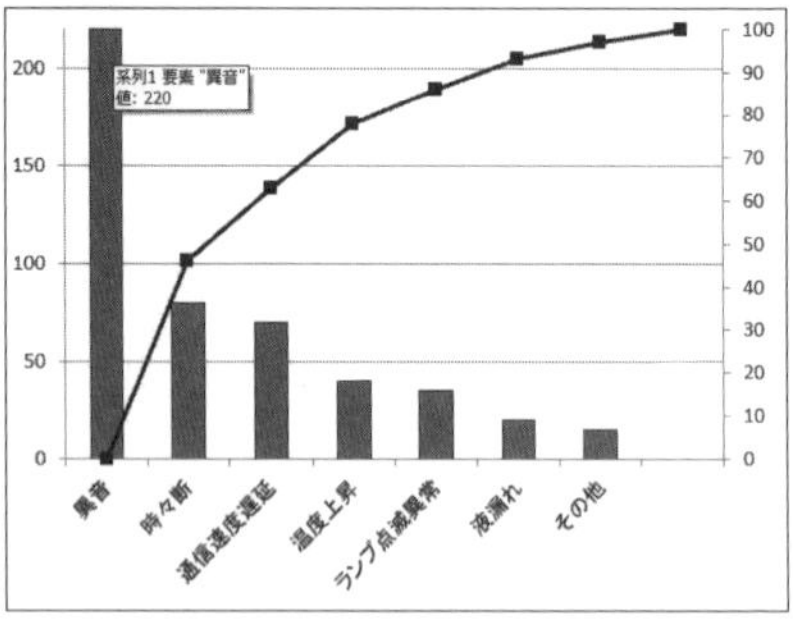

すると、左の軸の最大値は220、右の軸の最大値は100というグラフに生まれ変わる。これでかなりパレート図らしくなってきた（図表6－12）。

余計な要素を取り除き、シンプルなグラフへ加工

パレート図の場合、マーカーは要らないので、ここでマーカーを消しておこう。マーカーの一つを指定、クリックして、オプションで「マーカーなし」を指定すると、すべてがな

図表 6-13

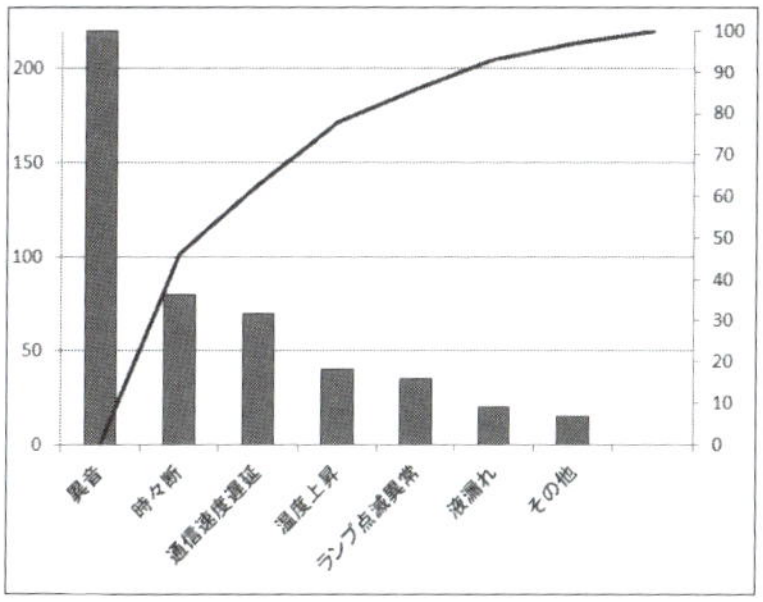

図表 6-14

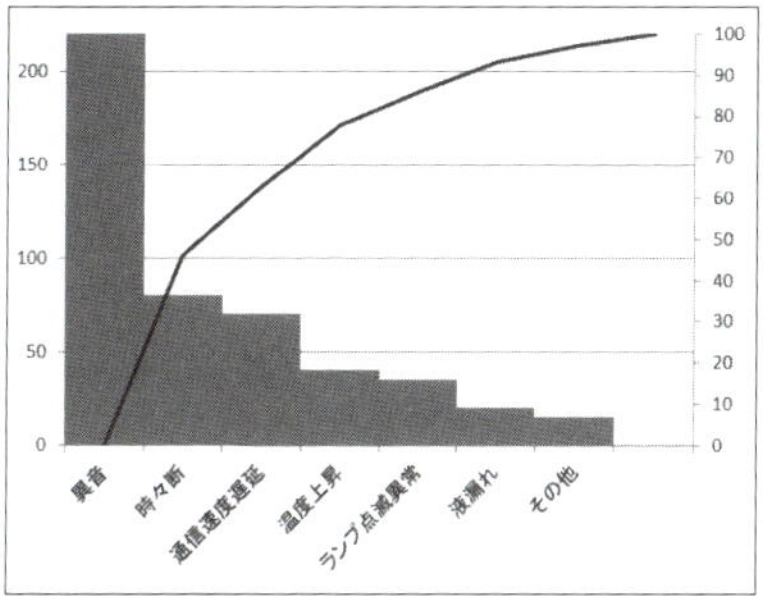

図表 6-15

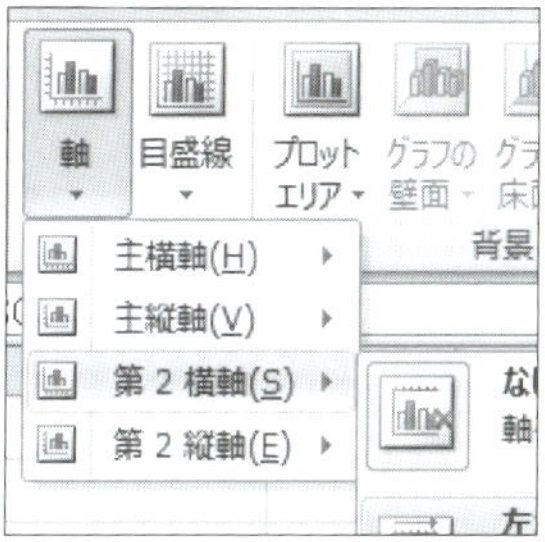

図表6-16

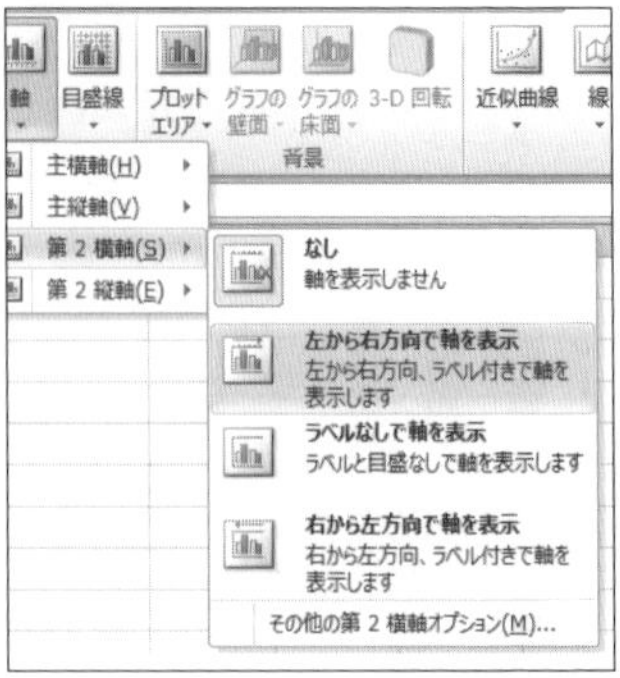

図表6-17

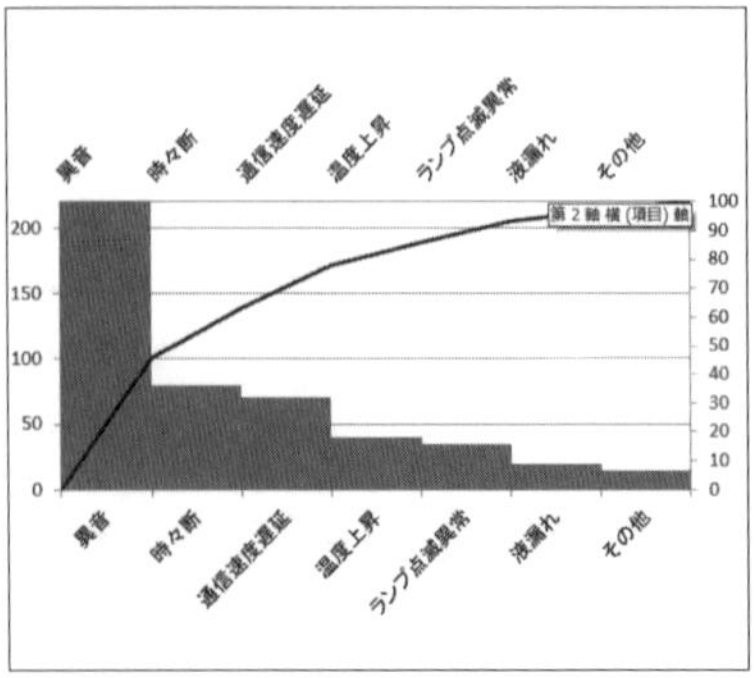

くなり、シンプルな折れ線グラフになる（前ページ図表6－13）。

あとは要素間の棒グラフの間隔をなくす作業だ。パレート図の棒グラフに間隔は必要ない。まず左クリックで指定して、次に右クリックで「データ系列の書式設定」を選ぼう。ここで、150％になっている「要素の間隔」を「なし」（0％）にすると、棒グラフが密着した形で表示される（前ページ図表6－14）。

さあ、そろそろ完成に近づいてきた。あと一つ残っているのは、折れ線グラフのスタート地点をずらす作業だ。

いまは折れ線グラフの起点が棒グラフの中央になっている。これを0からスタートさせなければならないが、この作業がちょっと複雑だ。

しかし心配はいらない。慣れれば簡単だ。折れ線

図表6-18

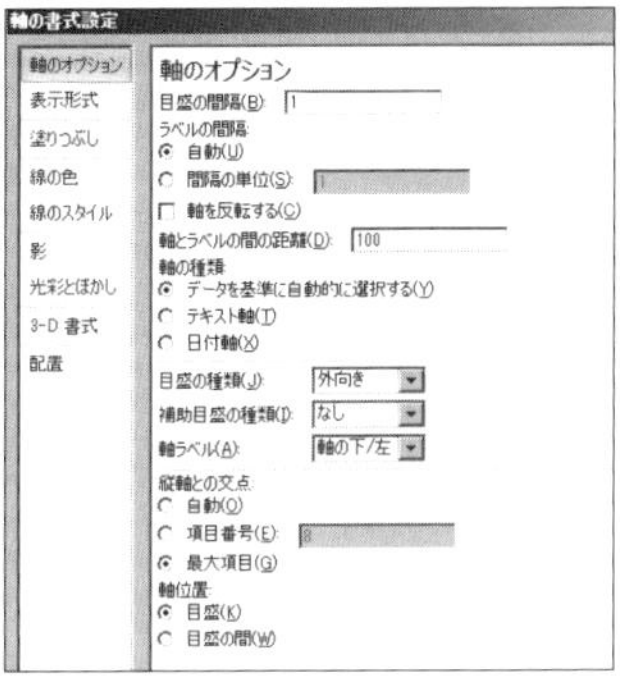

図表6-19

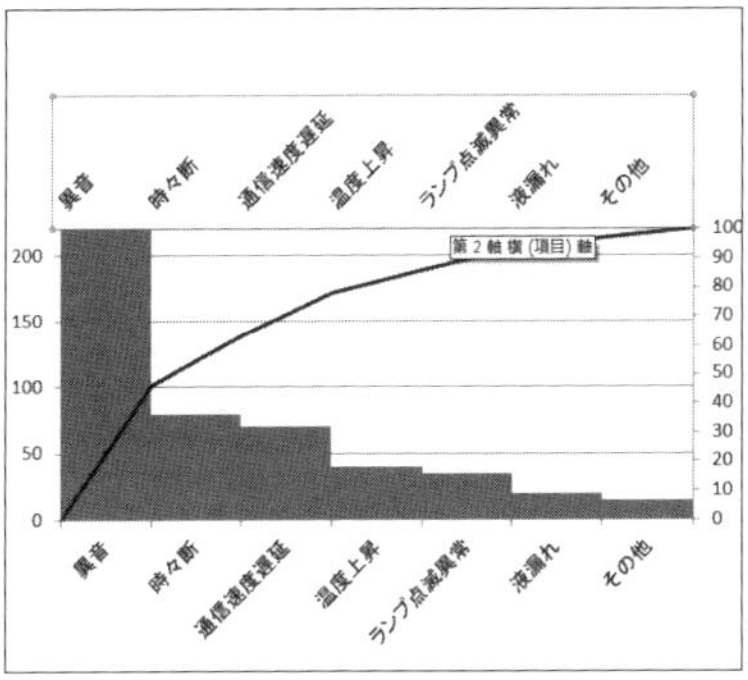

の系列を指定したあと、グラフツールの「レイアウト」をクリックしよう。この中から「軸」を選んでクリックし、「軸の書式設定」から「第2横軸（S）」を選ぶ（143ページ図表6－15）。さらに、「左から右方向で軸を表示」をクリックすると（図表6－16）、下と同じ軸が上にも表示される。

折れ線グラフの起点を0からにするには、新しく発生した第2横軸をずらせばいい。その方法は、「軸の書式設定」から「軸のオプション」を選び、「軸位置」を「目盛」にすると（図表6－18）、軸が左側にずれて、0からスタートするようになる（図表6－19）。

これで、パレート図はほぼ完成した。残りの作業は、見やすくするための最終仕上げだ。新しく作った第2横軸の目盛りを取り除き、軸のラベルもカットしよう。それには、新しく作った第2横軸を右クリックし、「軸の書式設定」から「軸のオプション」の「目盛の種類」「補助目盛の種類」「軸ラベル」を「なし」にする。きれいさっぱりとしたグラフに変わる（図表6－20）。

最後に目盛線も削除する。これは左クリックで指定したあと、デリートするだけでいい。

図表 6-20

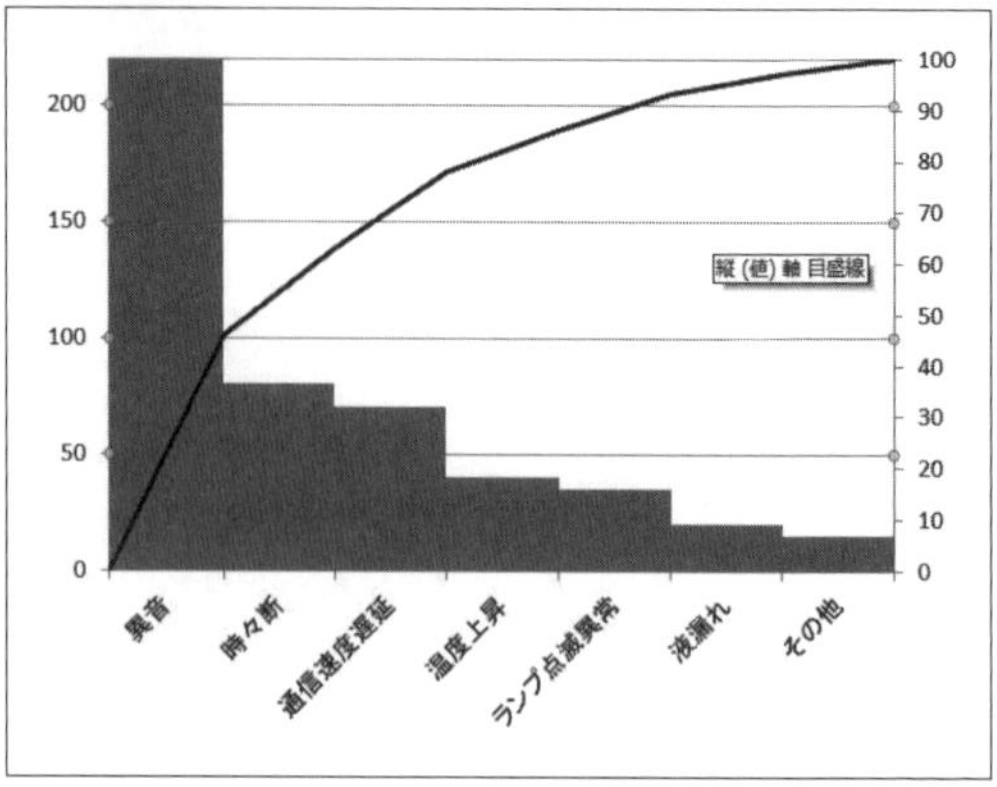

図表 6-21

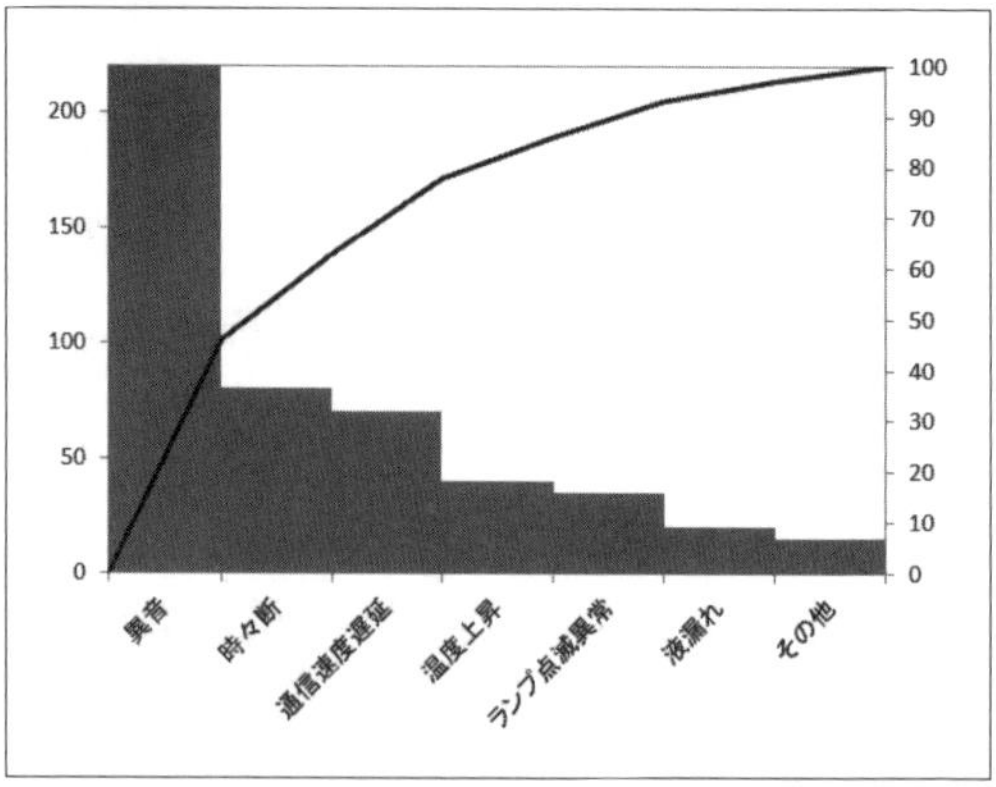

すると日盛線も削除できて、シンプルで見やすいパレート図が完成する（図表6－21）。いかがだろうか。この通りにやってみると、簡単にスムーズに作業が進むはずだ。

誰もがなんとなく仕事をしている状態を解決する道具

このパレート図がないと現場はどうなるか。

現場では誰もが、「いろいろな問題があるな」と認識はしている。「とにかく解決しなければならない」とは考えている。マネージャーも経営幹部も平社員も意識としては共通だ。しかし、どれから手をつけていいのかがわからない。「とりあえずここからやりましょう」「いや、こっちからやった方がいい」というさまざまな意見が噴出し、結局、どれも中途半端に終わる可能性がある。

声が大きな経営幹部がたまたま「ここに問題があるらしいぞ」といったりすると大変だ。優先順位も考えずに、部下が「すぐに対応します」と答えたのはいいけれど、結局、問題解決にはあまり効果がなかった——。こういった事態に心当たりがある方は多いのではないだろうか。

いま自分たちがやっていることがどれだけ問題解決に貢献するのか、それで本当にお客様満足度がアップするのかがわからないまま、誰もがなんとなく仕事をしているという状況は悲劇でしかない。

仕事はしているのに出口が見えないというときの問題解決に役立つのがパレート図だ。優先順位を全員で共有できる実に便利な道具である。

運用ルールを作り、運用の確認を行う

パレート図は、コールセンターのような業務の流れの川下の組織と川上とのコミュニケーションを活発にする働きがある。優先順位をつけた上で要望を出せば、上と下との会話が円滑化し、改善に向けて事態が動いていくからだ。

やみくもにただ「異音が鳴っているらしいんです」といっても、みな忙しいからそうは簡単に動いてくれない。だが、「『異音』が占める割合がこれだけあるんです」と主張し、「この部分を解決してください」と要望を出せば、上も対処しやすくなる。どの部分を解決すれば、全体のかなりのクレームが減るのかが目に見えてわかるパレート図が果たす役割は大きい。

Ｙａｈｏｏ！ＢＢのコールセンターでは、パレート図の作成を機会に、「異音」という

一つの症状を詳しく調べた結果、3つのパターンがあることがわかった。「異音」が起きる原因の半分は、空気を流すスリットという隙間にホコリがたまりやすいためだった。そこまで原因を突き止めるとあとの作業は早い。スリットの幅を狭くする、あるいは広くするか除去してしまうなど、いくつかの選択肢に絞ることができるからだ。

杓子定規に作るだけでは本来の効果を発揮できない

パレート図を作る際には、運用ルールを明確に作り、きちんと運用されているかどうかのチェックも念入りに行おう。

先の例でいえば、「異音」と「温度上昇」の両方の症状が出ている場合には、どちらの項目に入れればいいのか。カテゴリーの定義をはっきりさせ、その上で確認する。このプロセスがなければ、弱い分析結果しか得られなかっただろう。

カテゴリーの定義づけを明確に行い、さらに、すべてのクレームの中身にも広く目を通しておく。その手間も必要不可欠だ。

例えば、「温度上昇」といっても、発火しそうな熱さもあれば、「なんとなく熱いな」程度の熱さもある。分類の項目立てが正しいかどうかの確認が欠かせない。また、レポートを書く人が間違った項目に入れていることも想定し、運用がしっかりとなされているかの確認もしておきたい。

ソフトバンクのコールセンターでは、お客様からのコールが1日に3万件入っていた。その3万件のコールすべてに満足度調査をかけていたが、だいたい返事が書かれて戻ってくるのは2000件ほどだ。

「コールセンター対応に関してあなたは満足でしたか」という問いに対し、「満足」「やや満足」「ふつう」「やや不満」「不満」という5段階評価が用意されていて、オペレーターの点数がはじき出される以外に、フリーの記入欄にもさまざまなコメントが入っていた。

このコメント欄に記入されるのは、問題が解決しなかった場合におけるお客様の感想や意見、不満である。つまり、何か問題が起こっていても、それにワークフローが働かないケースであり、コメント欄はそうした問題を知ることのできる貴重な情報源だった。

だから、私は毎日入ってくる2000件の調査票にはすべて目を通していた。オペレーターによるモデムの障害のカテゴリー分けが果たして正しいのかどうか、運用が間違っていないかどうかをチェックして、それを毎朝の会議と夕方5時の会議でも報告し、それぞれのカテゴリーに対応した人が出席する夕方の会議の席上では、「お客様がこういうことをおっしゃっている」「ちゃんと対応できていないのではないか」と確認していた。こうした作業がパレート図による検証作業の効果を高めたことは間違いない。

結局、パレート図をうまく生かすも殺すも、カテゴリーの定義や運用面などが回っているかどうかの確認次第。パレート図は実際に効き目があるし、見かけもいい。なんとなく説得力があるように見えるが、パレート図の作成方法を身につけたからといって、中身を見ないままで杓子定規にやってしまうのでは意味がない。アウトプットさえなんとなく良い感じでできればそれでいい、という風潮には異を唱えたい。

重要なのは、中身をきちんと把握すること。そこには本当にクリティカルなものが存在するかもしれないという疑念はいつも持った方がいい。

ケーススタディ 7

回帰分析

経営者マインド（数字勘）を養う回帰分析

回帰分析をしないやつの話は一切聞かない

パレート図に引き続き、ここでは統計的分析の一つである回帰分析を取り上げよう。

回帰分析とは、複数の変数間の関係を一次方程式（y＝ax＋b）の形で表現する分析方法だ。もっとわかりやすくいうと、互いに影響を与え合っているようなものの因果関係を予測する手法である。

ソフトバンクでは2001年に通信事業を始めたときから、孫社長が「これから回帰分析をしないやつの話は一切聞かない」と言いだして、社員はみな、徹底的に回帰分析をやらざるを得なくなった。

私も慌てた一人だ。「回帰分析ってどう作るんだっけ」。ここからのスタートだ。容赦なく、徹底的に仕込まれた。といっても実際はコツさえつかめば簡単なのだが、回帰分析手法を駆使したことが、ソフトバンクの通信事業が急成長した要因の一つだと感じている。

孫社長はなぜそんなにも回帰分析にこだわったのか。それは、回帰分析を使いこなせるようになれば、自分がいま考えている仮説が正しいかどうかを確認できるようになるからだ。自分がいま展開しているビジネスがどういう構造でできているのかが「簡単な数学」でわかるようになる。

どんなものでも数字で把握せよ――。これが孫社長の基本姿勢だ。会社の売上でも株価でも、数字で表現されているものを見ると、孫社長はいつも頭のなかで構造化している事業との相関関係をはじき出す。

その精度たるや、寸分の狂いもなかった。何をやったらどれだけ業績がよくなるのか、どれだけ利益が出るのか、感度分析（ある指標に一定の変化が起こったときに、それが結果にどのように影響を及ぼすかを定量的に測定すること）を頻繁に行い、数字で先を見通す力を体得していた。

経営者育成につながる

大げさではなく、孫社長はいまでは数字をひと目見ただけでおおよその予測ができるようになっているといっても過言ではない。

「最終的にはフォースでわかるようになれ！」

これは孫社長の口癖だ。フォースというのはご存知の通り、映画『スター・ウォーズ』でジェダイが操る一種の超能力のことだが、孫社長は冗談めかしていってはいたものの、私はそこに本音があると思う。

熟練の寿司職人が寿司を握ると、シャリの分量がいつも測ったようにグラム数が一定になる。あれは、大げさにいうとフォースの世界に近い。

孫社長が目指しているフォースとは、トレーニングの蓄積によって得られる一種の数字勘だ。この勘を身につければ経営者として強い。

その意味で、ソフトバンクでの回帰分析修行は、経営者育成の一環ともいえる。孫社長の域に到達するのは並大抵のことではないが、何と何がビジネスを決める要素なのかを数字で把握する訓練を積んでおいて損はない。経営者目線を身につけるためにも、ぜひとも回帰分析をマスターしよう。

私も孫社長には到底及ばないが、回帰分析を自分のものとする過程で、数字を見る目はかなり鍛えられたと実感している。これは、理系文系は関係ない。本当にちょっとしたコツだけなのだ。まず苦手意識を捨ててほしい。

因果関係を浮き彫りにする

わかりやすい回帰分析の例としてよく取り上げられるのが、アイスクリームの売上とその日の最高気温との関係だ。

気温が上がると人はアイスクリームを食べたくなり、アイスクリームの売上が伸びていく。では、気温がどれぐらい上がるとアイスクリームの売上は伸び始めるのか。その伸びはどれぐらいのものなのか。こうした両者の関係を回帰分析の手法で探っていくと、「アイスクリームの売上＝y＝ax＋b」の式で表すことができる。

売上高とテレビ広告の因果関係を見るときにも、回帰分析はうってつけだ。「これだけテレビ広告を打ったら、これぐらい売上が上がるはずだ」という因果関係がわかれば、目標とする売上高に対して適切なテレビ広告費をはじき出すことが可能になる。

これを統計用語で「制御」と呼ぶ。難しい言葉が使われているが、要は「計画できる」ということだ。

また、身長から体重を予測するときにも回帰分析が用いられる。この場合、因果関係というよりも、相関関係を探るといった方が適切だろう。身長と体重の普遍的な関係から、これぐらいの身長であれば、体重はおおよそこれぐらいだろうと予測できるのだ。

ちなみに、予測したい変数のことを「目的変数」、目的変数を説明する変数を「説明変数」と呼ぶ。アイスクリームの売上と気温の例でいえば、アイスクリームの売上は目的変数で、気温は説明変数だ。

目的変数はいつも一つだが、説明変数はいくつでも構わない。説明変数が一つのときは単回帰と呼び、2つ以上あるときは重回帰と呼ぶ。

アイスクリームと気温の回帰分析は、単回帰分析だが、もしここに湿度という要素が加われば重回帰分析となる。目的変数はアイスクリームのままだが、説明変数が気温と湿度の2つになるわけだ。

統計という言葉を聞いただけで頭が痛くなる、という人は多いかもしれないが、回帰分析は他の統計手法に比べて直感的に理解しやすく、応用範囲も広い。マスターしておくと、次の計画が立てやすくなり、計画と実績のPDCAのサイクルも回りやすくなる。

決定係数を忘れるな

では、実際の例として回帰分析にチャレンジしてみよう。

ここでは、携帯電話の販売店を想定し、ある販売店の1日の通行客数と契約獲得件数の関係を見ていく。

まずExcelでグラフを作成する。方法は簡単だ。実数を入れて（図表7－1）、グラフの中から「散布図」のオプションを選ぶ。これだけで、1日の通行客数と契約獲得件

図表7-1

地点	1日の通行客数（人）	獲得件数
A	1300	630
B	1100	580
C	500	300
D	400	280
E	350	200
F	320	380
G	280	140
H	210	100
I	200	120
J	180	95

図表7-2

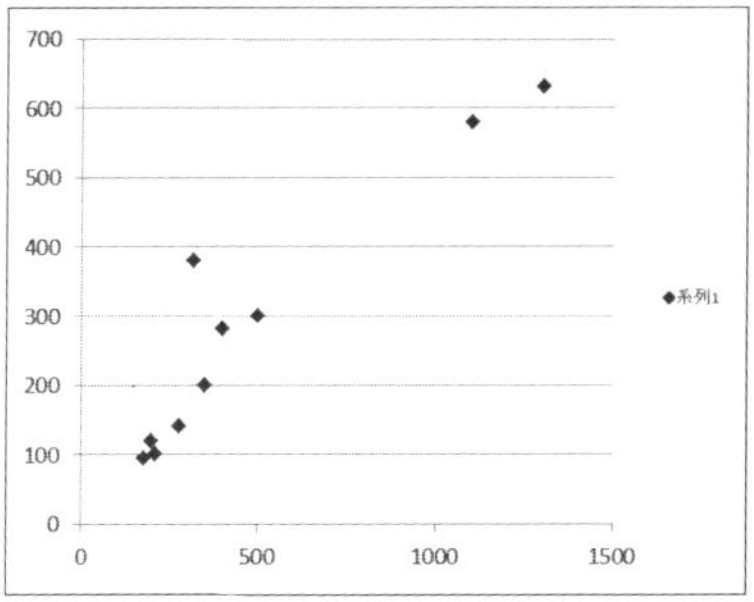

図表7-3

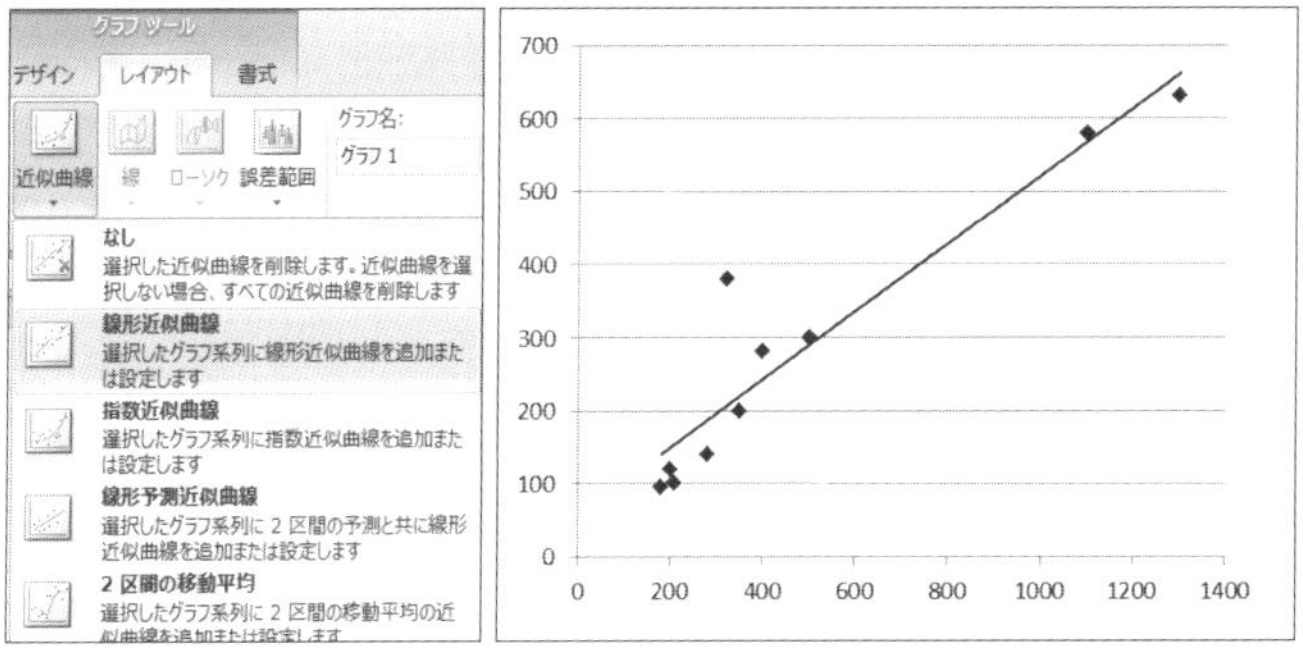

数をプロットしたグラフがあっという間に出来上がる（図表7－2）。

次に、「グラフツール」の「レイアウト」の中にある「近似曲線」を選んだあと、「線形近似曲線」をクリックする。すると、1日の通行客数と契約獲得件数の関係を示す単回帰分析の直線が引かれるはずだ（図表7－3）。

これで回帰分析は完了だ。言葉から受けるイメージよりも作業ははるかに簡単であり、パレー

図表7-4

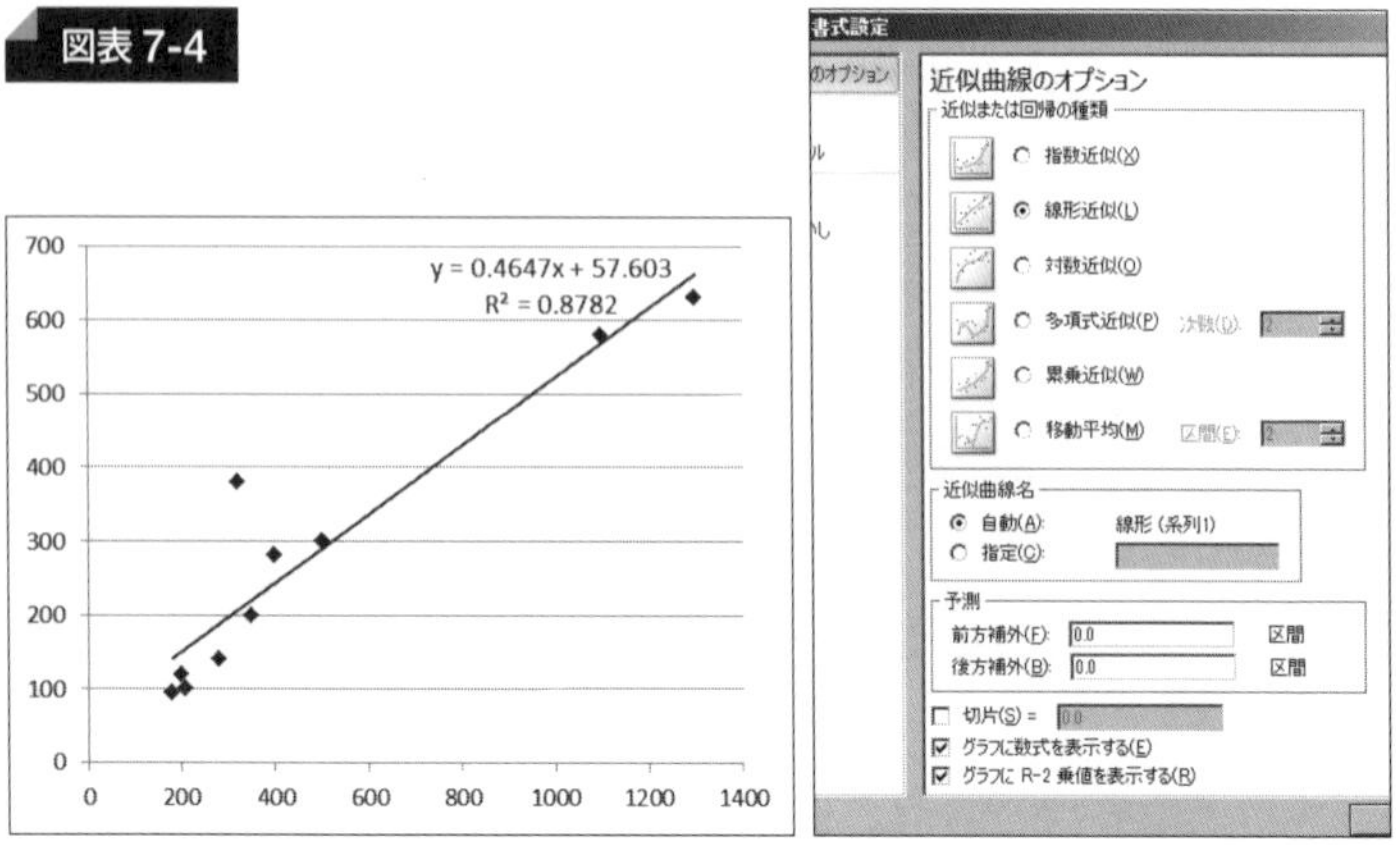

ト図よりも手間はかからないが、実は、このあとに一つ重要な作業が残っている。

　この近似曲線がどのぐらい現実に当てはまっているかを知ることだ。得られた回帰式は常に当てはまっているとは限らない。当てはまっているのか、そうでないのか。回帰分析によって求められた線（回帰直線）がどれぐらい分布の様子を的確に説明しているかを示す値を求めなければならない。

　その値を得るには、まずいま引いた近似曲線をダブルクリックする。すると、近似曲線の書式設定の画面がポップアップするので、「近似曲線のオプション」の中から「グラフに数式を表示する」と「グラフにR－2乗値を表示する」をチェックしよう（**図表7－4**）。

　R－2乗値とは、1次関数の直線である「y＝0.4647x＋57.603」がどのぐらい当てはまっているのかを示す値であり、これを「決定係数」と呼ぶ。この決定係数が1に近いほど実際の分布に当てはまっているといえるが、0・5以上であれば精度は高い。それなりに当てはまっていると考えていい。

では、この図表7－4のR－2乗値はどうか。0・87あるので、分布の様子をかなり的確に表していることが確認できた。これを手で計算しようとすると大変な手間を要するが、Ｅｘｃｅｌを使えばまったくの手間いらず。簡単に求めることができる。

この決定係数をグラフ上で示しておけば、近似曲線の確実性を誰にでも説明しやすい。逆にこれを入れないと、当てはまっていないのではないかといわれたときに議論になるかもしれない。決定係数は必ずグラフの中に入れておこう。

ＰＤＣＡサイクルがロジカルに回る

出来上がった回帰分析を使えば、今後、自分たちが携帯電話の契約獲得件数を増やそうというときに、計画を立てやすくなる。仮に獲得件数をあと5000増やすことを目標に掲げたとしよう。この回帰直線を踏まえると、1000人の通行客がある場所での普及活動を10件増やせばいいという判断になる。

もちろん、それだけの活動となるとアルバイトを雇う必要が出てくる。そうなると、どうしても熟練度が足りず、自分たちの現在のモデルよりも悪い結果になることは容易に予測できるはずだ。

であれば、いまからトレーニングを強化し熟練度を上げていかなくてはならない。そのためにあと2、3ヶ月は必要になる。

このように、回帰分析は今後の計画といま現在の自分たちのリソースとの差をつかむときにも役に立つ。

しかも、何か工夫を凝らした結果、計画に実績が追いついてきたことも確認できるのだ。いわゆるＰＤＣＡサイクルをロジカルに回すことができるのは、回帰分析ならではの利点といえよう。

なお、これらはソフトバンクでの私の実際の経験に基づいている。回帰分析をもとに、この場所だったらこれぐらいの件数を獲得できるはずだという計画を立て、営業用のパラソルをこれだけ張らなければならないとか、人数をこれだけ調達しなければならないという数字を計算し、ＡＤＳＬ事業を成長させることができた。

実際には、場所だけでなく人数や熟練度などの要素も含めて計算していたが、ここではサンプルとして獲得件数と通行客数だけの回帰分析を行った。しかし、基本的な考え方はまったく同じである。

「漏れのチェック」が可能になる

回帰分析の優れている点としては、「漏れのチェック」が可能になる点も挙げられる。もし、決定係数が0・5以下の場合は、自分が考えつかなかったほかの要素が関係しているかもしれない。携帯電話の契約獲得の例でいえば、通行客の数以外に、天候だったり気温だったり、別の要素がからんでいる可能性が考えられる。

要するに、自分が考えている仮説が正しいかどうかの検証ができるということだ。これが「漏れのチェック」である。

回帰分析を使いこなせるようになれば、いま自分がやっているビジネスがどのような構造でできているのかが数字でつかめる。回帰分析が経営者の育成につながる所以である。

回帰分析は、数字を使った概念の中でももっとも本質的だ。それだけに効果は大きい。数学や統計と聞いただけで敬遠する人は少なくないし、苦手意識を持つ人はたくさんいる。だが、回帰分析を知らないままでビジネスを進めるのはあまりにももったいない。

統計的分析を食わず嫌いにせず、まずは単回帰分析から始めてみよう。大事なのは、やってみることだ。試行錯誤するうちに、さまざまな因果関係や相関関係が見えてくる。その積み重ねにより、ビジネスの数字を見る感覚は確実に研ぎ澄まされていくはずだ。

ケーススタディ 8

プロセス分析シート

プロセスを定義し、各プロセスの歩留まり率に着目

プロセスごとに業務の進捗状況を追いかけよう

一つの仕事には必ず始まりと終わりがある。

スタート地点からゴールまでのどの段階で問題が起き、次の段階へどんな影響を与えているのか、その因果関係を探り出せば、問題解決は早い。ケーススタディ8で取り上げるプロセス分析シートは、業務の進捗状況をプロセスごとに追いかけ、問題点を発見したいときに役立つツールだ。

ここでは、舞台として健康食品やサプリメントを販売している通販会社を想定している。Webでも申し込みを受け付けているが、主には、アウトバウンド（電話での営業活動）を中心に顧客を獲得している会社だ。ちなみにインバウンドとは、顧客からの問い合わせや受注などの電話を受ける業務を指すので覚えておこう。

アウトバウンド活動に重点を置いているこの会社では、ある時期に顧客に2万件の電話営業を行った。過去に無料サンプルを請求してきたものの、いまだに申し込みがないリストをもとにしたアウトバウンドだ。

図表8－1を見てほしい。この図表には、業務内容とそれにかかった費用、実施内容が

図表8-1

営業実績報告

最終獲得件数　400件

業務内容	費用	実施内容
アウトバウンドセンター運営費	300万円	アウトバウンド2万件
郵便費	68万円	申込書2000通送付
事務センターコスト	128万円	受付800件、審査600件

記載されている。２万件のアウトバウンドに要した費用が３００万円であり、申込書を２０００通送付したのにかかった郵便費が68万円であり、受付８００件、審査６００件に要した事務センターコストが１２８万円であることがおわかりいただけるだろう。図表の上には、最終獲得件数が４００件という数字も出ている。

しかし、この図表からわかるのはたったこれだけだともいえる。項目ごとに数字を並べているだけの図表なので、ここからは何をどうしたらいいのかがまったく見えてこない。処理したうわべの件数だけしか出していないからだ。もしこの図表を見て、どこをどう改善すればいいのかわかる人がいるとすれば、超能力者だろう。

入り口と出口を定義づけし、変化を追いかける

アウトバウンド活動から、最終的な顧客獲得、つまり申込者がクレジットカード会社の審査に通って健康食品の購入に至るまでには、いくつかのプロセスがある。問題を把握するには、2万件のコールがプロセスごとにどう変化していったのか、そこでコストがいくらかかったのかをつぶさに見ていかなければならない。

では、そのプロセスを具体的に考えてみよう。

アウトバウンド（電話営業）の次のプロセスは何だろうか。申込書の発送作業だ。電話をかけて、「じゃあ、申込書を送ってください」と応じた有望客に速やかに申込書を送る作業である。

しかし、発送した申込書すべてがすんなりと顧客のもとに届くとは限らない。住所ミス、引っ越しなどの理由で申込書が戻ってくることも多い。その場合には、もう一度正しい住所を確認した上で、再度申込書を送り直す必要がある。

戻ってきた申込書を正しい住所に送り直し、なんとか発送作業を完了させると、次は受

け付けのプロセスに至る。顧客のもとから必要項目を記入した申込書類が送られてきたら、それを「正式な申し込み」として受理する作業だ。

だが、まだこれで「作業完了」ではない。せっかく商品を申し込んでもらっても、クレジットカードの審査に通らなければ、代金回収には至らないからだ。そこで、クレジットカード会社の審査にかけるプロセスが発生する。審査にかけて晴れて問題がなかった顧客にのみ、申し込まれた健康食品の発送が可能になる。本当の意味で「顧客を獲得できた」といえるのはこの段階だ。

つまり、この一連の営業フローの入り口はアウトバウンドであり、出口は商品である健康食品の発送開始時点。分母はアウトバウンドの2万件だ。ここをまずしっかりと押さえておこう。このように、プロセス分析シートの作成とは入り口と出口をはっきりと定義し、入り口の数字（分母）を明らかにした上で、この数字が出口に向けてどう変化していったのかを追いかける作業なのである。

なぜ歩留まり率が10％になったのか

アウトバウンドを入り口として設定し、2万件を分母として、プロセスごとに数字がどう変化し、そこでどれぐらいのコストが発生したのかを図表で表してみた。それが、図表8－2の営業フロー分析だ。

これを見れば、300万円のコストをかけて電話営業した2万件が、次のプロセスの「申込書送付」の段階では2000件に減っていることがわかるはずだ。2万件のコール数がいきなり2000件に減っているので、この段階での歩留まり率は10％。電話を受けた10人のうち1人しか申し込みには至らなかったというわけだ。

次のプロセスを見てみよう。

申し込みの意志を示してくれた2000人の客に68万円の費用をかけて申込書を送付したところ、必要事項が記入されて届いた申込書は800件。この800件の受け付け作業のために、この会社では8万円のコストが発生した。

この800件のうちの600件を、90万円の費用を投入してクレジットカード会社の審査にかけると、審査に通ったのは400件。

これが、今回のアウトバウンド活動で最終的に獲得した顧客の数だ。クレジットカードの審査に通った客に健康食品を送付するための費用が30万円。これで、一連の営業活動はようやくゴールにたどりついた。

さて、この図表8－2を見れば、もうどこに問題点があるのかはおわかりだろう。アウ

図表 8-2

営業フロー分析

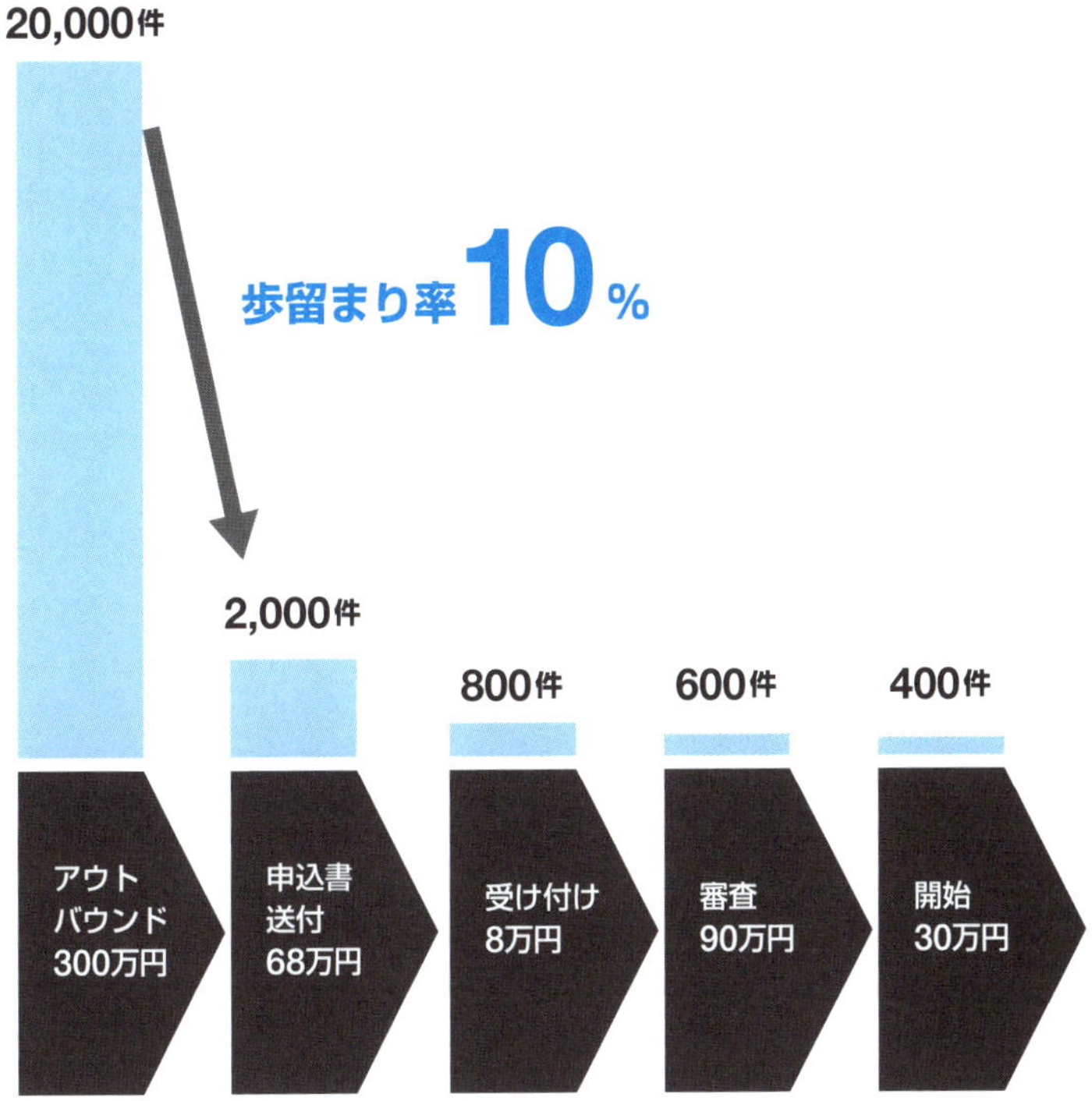

1顧客あたりの獲得コストは1.24万円となっているが、
アウトバウンドからの歩留まり率が最大の課題。

トバウンドからの歩留まり率が最大の課題だ。2万もの客に電話営業をかけたものの、次の段階では10分の1に減ってしまっている。

2万の客は、以前に無料サンプルを請求した客なので、この会社の健康食品に少なからぬ関心がある層といえる。つまりは潜在的な顧客だ。にもかかわらず、そうしたバックグラウンドを10分の1しか生かせなかったのは、なぜなのか。問題解決の道筋はこうした疑問を持つことから始まる。

図表8－1を見ただけでは、こうした疑問は生まれてこない。入り口と出口を明確にして母数の変化やコストを追いかけたからこそ、「どうしてこうなったんだろう?」というシンプルで本質的な疑問が生まれたのだ。

電話をかける時間帯に問題があった!?

以前にサンプル請求をしたことのある健康食品会社から電話がかかってきて、セールスの担当者から営業トークをひと通り聞いた。そのあとに、「じゃあ、申込書を送ってください」と申し出る客が少なかったのはなぜなのか。

理由としては一つに、コールの内容が悪かったことが考えられる。押しつけがましい電話だったのかもしれないし、その健康食品の良さ、メリットをわかってもらえるトークではなかったのかもしれない。

あるいは、かけた時間に問題があったということも考えられる。それも一つの有力な仮説には違いない。

健康食品の内容うんぬんよりも、こちらの都合も考えず、夕方の忙しい時間帯に電話をかけられたことに不満を覚え、とても申し込む気持ちにはならなかった――。これは十分に考えられる理由である。

事実、調べてみると、この会社では電話営業の時間帯を午後6時までと限定していたため、夕方の忙しい時間帯に電話が集中していた。そこで、電話をかける時間を午後8時までに延長したところ、その後、歩留まり率の5％アップに成功している。同じコール内容であったにもかかわらず、夕食が済み、片づけも終わって、少しゆっくりするであろう時間帯にかけた方がはるかに効果的だったのだ。

優先順位をつけて解決策を考えよう

申込書を送った2000件のうち、800件しか受け付けに回らなかった受け付け率の低さも大問題だ。

　封筒が地味で開封されなかったのではないか。申込書の記入項目が多すぎたのではないかという仮説を立て、調べることが必要だろう。クレジットカード会社の審査に600件出して、3分の2の400件しか通らなかったということは、信用度が低いリストだった可能性も濃厚だ。

　このようにプロセスごとに仮説を立て、優先順位が高いものから解決へと動き出せば、成果が出やすい。このケースでいえば、もっとも優先順位が高いのは、アウトバウンドからの歩留まり率の低さだったので、まずそこから着手している。

　ゴールの数字を最初の数字（2万件）で割って最終的な歩留まり率を出すだけでは、どの段階に問題があったのかがわからない。そうなれば優先順位をつけることも難しい。効果がありそうだと思われる方法を一律でやってしまうと、なんとなくぼんやりとした成果しか得られなくなる。

　以前にアウトバウンド活動をしたときにはもっと良い数字だったのに、今回低いのはなぜか。前回はたまたまだったのか、それとも何か今回との決定的な差があるのか。そうした違いを知るためにも、優先順位をつけて検証してみよう。急いではいけない。一つひとつの実施が大切だ。

定義の重要性――「蝶」と「蛾」の話

これはケーススタディ1の群管理のところでも述べたが、プロセス分析シートでも定義づけが非常に重要だ。この業務とは何の作業のことなのか、一つひとつを明確に定義し、業務と業務の「切れ目」を把握していないと、実態がわからなくなる。

定義づけの大切さを示す意味で、蝶と蛾の話を紹介したい。

日本では、蝶と蛾は別々の昆虫だとみなしている。しかし、蝶と蛾の区別なく、両者を一括して「蝶」としている国があることをご存知だろうか。

答えは、フランスだ。フランスでは蝶も蛾も同じように「パピヨン」と呼ぶ。蝶と蛾に異なった定義がないということは、蝶と蛾の区別がつかないということだ。

日本人は、昼間に活動し、羽を立てて止まり、幼虫がアオムシである昆虫を「蝶」とみなし、それ以外は「蛾」だと考えているが、実は、この2つに生態上のはっきりとした差があるわけではない。両者はどちらも同じ「鱗翅目《りんしもく》」であり、はっきりと区別ができないものなのだ。

その意味では、蝶と蛾を同一視しているフランスは正しいわけだが、この話は、フランスと日本のどちらが正しいかの事例ではない。いったん物事をはっきり定義しておけば、その定義で私たちは認識し、行動するようになるということだ。

みながこれは「蝶」、これは「蛾」だと思っていれば、物事はその定義で動く。定義とは厳密なものである必要はない。誤差と認められる範囲であれば、それで定義は成立する。だから、仕事の上でも業務の定義、業務と業務の区分けをしっかりと行いたい。定義がなければ、みなで定義を決めること。この作業は忘れずに実施しよう。

業務の「穴」をつかめ

ここでプロセス分析シートの表現上のポイントをまとめてみよう（次ページ参照）。

大事なのは、最初の2万件が各段階でどう変化しゴールではどうなったのか、推移と歩留まりを見ていくこと。歩留まりが悪いプロセスから問題解決に動けばいい。

コンサルタントをやっていてよく感じるのが、定義づけをしないまま、なんとなくズルズルと数字を追いかける会社が多いことだ。そうした会社では、問題がある場合、イレギュラーの数字として処理しがちになる。

しかし、それではいつまでたっても根本的な解決には至らない。コスト抑制も進まない。

プロセス分析シート

表現のポイントはこれだ！

ポイント 1
プロセスを明確に定義する

ポイント 2
最初の投入部の母数を明確にする（群管理と同じロジック）

ポイント 3
各プロセスの歩留まりを把握する

複数のプロセスがあり、そこで作業が行われ、中間成果物を経てやがては最終成果物が得られる、というタイプの業務や営業、オペレーションには、このプロセス分析シートが広く活用できる。

表現上のポイント1〜3を踏まえて分析すれば、業務の「穴」を発見し、問題点を解消できる道筋が必ず見つかるのである。

ケーススタディ 9

プレゼンテーション

数字の裏づけがある「ワンメッセージ・ワンイメージ」

企画書との違いを認識しよう

プレゼンテーションには流儀がある。その流儀を踏まえて自信を持って行えば、必ず聴衆を納得させ、感動を呼ぶプレゼンテーションが実現する。

ケーススタディ9では、わかりやすく説得力が高く、聞く人の心に確実に響くプレゼンテーションの流儀を紹介しよう。

まず、押さえておきたいのが、プレゼンテーション資料と企画書との違いである。そもそも、この2つは主役がまったく違う。不特定多数を前に行うプレゼンテーションの主役は、あくまでも話し手だ。パワーポイントで作成したプレゼンテーション用の資料はサブであり、主役を引き立てる脇役に過ぎない。

一方、企画書の主役は「人」ではない。主役は企画書そのものだ。見せる相手も限定され、プレゼンテーションのように不特定多数を対象とはしていない。

作った本人の手を離れて、企画書自体が独り歩きすることも多い。いや、独り歩きすることを前提に作るのが企画書といった方がいいかもしれない。

企画書とプレゼンテーションのスライドとでは、見る人との距離も違う。企画書は読む人との距離が近い。文字がたくさん出ているモノは手元に置いて読むのが一般的だ。前のめりになって積極的に情報をつかもう、把握しようという姿勢で企画書は読まれる。

だが、パワーポイントで作ったスライドはそうではない。何メートルかの距離をおいて見るように設計されている。映しだされた内容を聴衆が離れた位置で見ることを前提としている。だから情報を詰めすぎると、見る方はついていけない。

テレビ=プレゼンテーション

これとよく似ているのが、テレビとインターネットとの関係だ。テレビをインターネットに接続し、双方向で利用してもらおうと、これまで業界ではさまざまなキャンペーンが実施され、それが可能な製品も発売されてきたが、まったく普及していない。それは、「距離」が影響していると思うのだ。

デバイスによって、使用するときの体の姿勢や距離は異なる。テレビは近くで見るものではない。画面に至近距離まで近づいて見るのは子供ぐらいだろう。だが、インターネットは手元で見るのが当たり前だ。離れた場所からリモコンで操作してテレビを見るように、私たちは離れた場所からスクリーンに映しだされたパワーポイントのスライドを見る。

だから、テレビのインターネット利用はいつまでたっても進まない。同様に、パワーポイントで作成したプレゼンテーション用のスライドは企画書には不向きであり、企画書もまたプレゼンテーション用にはふさわしくないのだ。

主役も、見る側との距離も根本的に違うのだから、たとえテーマが同じであっても、プレゼンテーション用の資料として企画書をそのまま流用してはいけない。安易に使いまわしている人をよく見かけるが、あれは大いなる間違いだ。企画書とプレゼンテーション資料とは必ず分けて作成したい。

スライドに書いてある以外のことにほとんどの時間を費やそう

話し手が「主役」であり、パワーポイントによるスライドは「補助」。それがプレゼンテーションの本質だと述べた。

しかし、講演会やセミナー会場で、この原則を履き違えたプレゼンテーションを目にすることは非常に多い。主役であるはずの「人」が、単なるスライドの読み上げ役でしかなく、聴衆は、この場の主役であるはずの話し手の顔を見ようともせず、下を向いて資料を読むだけ。スライドに出ている内容以上の話が、主役の口から発せられることはないため、いつしか聴衆は退屈し、心地よい眠りに落ちてしまう。こういう光景を目にしたこと、体験したことはないだろうか。

ダメなプレゼンテーションの典型が、企業の決算発表の場だ。

会場には、スライドを半分以下のサイズに縮小した資料が配られているため、出席者であるマスコミ関係者は席につくやいなや、ものすごい勢いで資料に目を通し始める。もう、プレゼンテーションなどお構いなしだ。出席者の目的は、決算発表のプレゼンテーションを聞くことではなく、資料を入手することにあるのだから当然といえば当然だ。

主役がスライドの読み上げだけに終始するプレゼンテーションの場に感動などない。人の心が動くはずもない。

聴衆がもっと話を聞きたいと切に思い、話の内容に心を動かされ納得し、深く感動する。話した内容が頭の中にくっきりと刻み込まれる。そうしたプレゼンテーションを志すなら、話し手はスライドに書いてあることではなく、それ以外の話にほとんどの時間を費やすべきだ。スライドを読む説明口調ではなく、聴衆と「対話」するような話し言葉で、スライドをうまく使いながら、自分が伝えたいメッセージを語らなければならない。

読む人が一瞬で理解できるスライドがベスト

人の心を動かすプレゼンテーションでは、スライド1枚1枚のメッセージがシンプルでわかりやすい。誰が聞いても腑に落ち、理解できる。スライドには戦略的なメッセージが明確に込められているため、聞く人は企業の戦略的メッセージを容易に理解できる。

一方、人の心にまったく響かないプレゼンテーションのスライドは往々にして説明過多だ。一つのスライドに必要以上の情報量が詰め込まれているため、ひと目見ただけでは、何を伝えたいのかがわからない。情報量が多いスライドは、スライドというよりももはや読み物。見る人は置いてきぼりをくらってしまう。

例として紹介したスライド（図表9－1）を見てほしい。

タイトルは「ダイエット市場の現状」。そのスライドに、日本人成人の肥満率を表す円グラフ、各世代の体重コントロール率、ダイエット市場の市場規模推移の棒グラフの3つが記載されている。

グラフの下には、「日本人の成人の肥満率は35％超となっており……」という長々しい文章が続く。文章が4行分もあるので、読み込むにはやや時間がかかるはずだ。

図表9-1

ダイエット市場の現状

〈日本人成人の肥満率〉

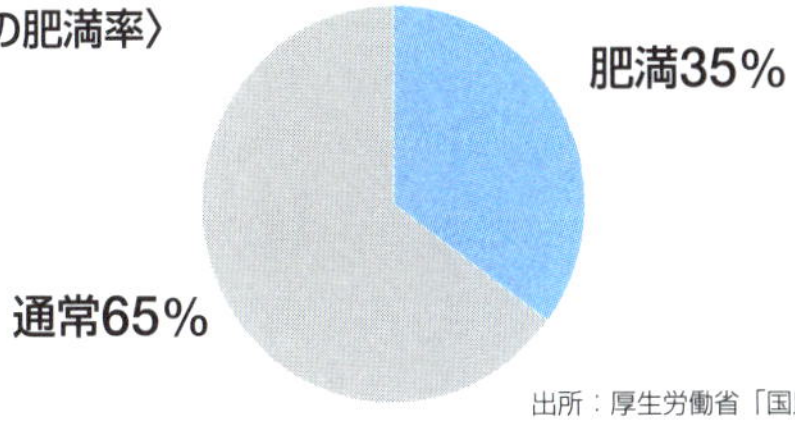

出所：厚生労働省「国民健康・栄養調査2013」

〈各世代の体重コントロール率〉

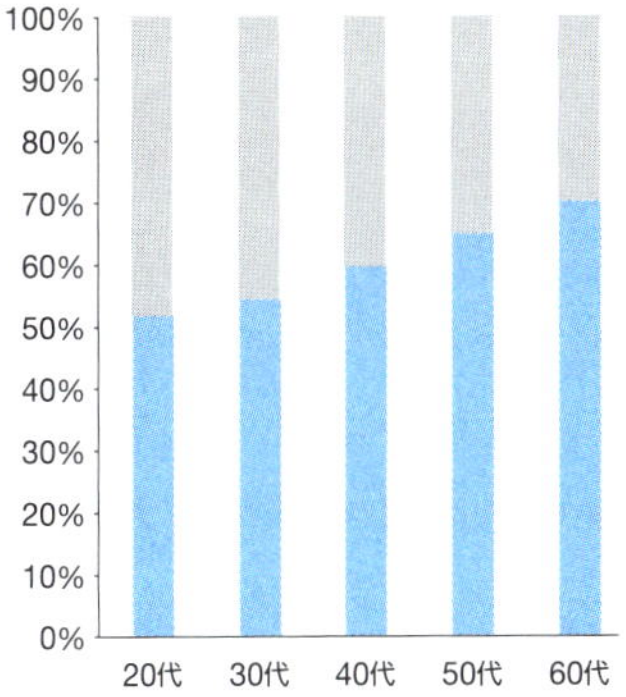

出所：厚生労働省「国民健康・栄養調査2013」

〈ダイエット市場の市場規模推移〉

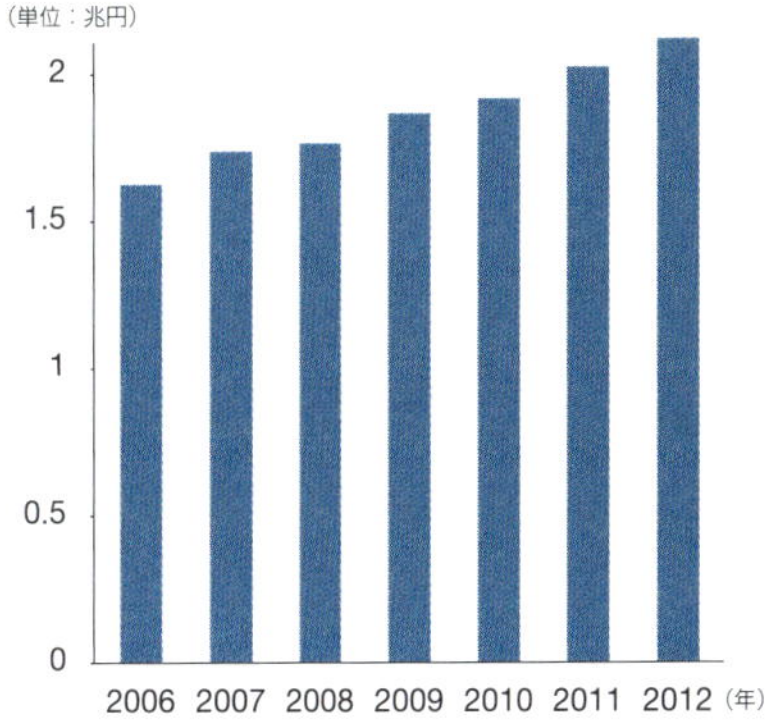

出所：健康総研「ダイエット市場調査2012」

日本人の成人の肥満率は35%超となっており、
その結果各世代での体重コントロール率も20代50%、30代で55%、
40代で60%、50代で65%、60代で70%となっている。
このような背景によって、ダイエット市場は2006年以降毎年成長を続けている。

このスライドを見て、作者の言いたいことがピンと来る人は、おそらく作者とその関係者ぐらいだろう。日本人の肥満率がどうやら高いことはわかった。世代で見ると、年齢が上になればなるほど、体重をコントロールできる率が上がっているらしい。だからなのか、ダイエット市場の市場規模も年々拡大を続けているようだ。じっくり目を通せば、そうしたことは推察できるものの、これらの資料を通して作者がこちらに伝えたいメッセージとなるとよくわからない。

実はこのスライドでもっとも訴えたいのは、ダイエット市場が有望であるという点だったのだが、それはグラフにおいても、文章においても登場するのは最後の最後だ。本来のメッセージの周りにある情報があまりにも多すぎるため、中核のメッセージがぼやけてしまっている。

読む人に、作者がここで言いたいことはなんだろうかと考えさせてしまうスライドは、プレゼンテーションの資料としては失格だ。読む人に一瞬で理解させられるスライドを追求しよう。

なぜプレゼンテーションをするのか

なぜ、このような見る人・聞く人の立場を考慮しないわかりづらいスライドが氾濫しているのだろう。

その理由は「情報量が多いスライドを作成すると仕事をした気になれるから」ではないだろうか。先に紹介した図表9-1のように、文字量を増やし、グラフや図、写真などを盛り込んだ資料を作ると、仕事量の多い資料に見える。よくできているように思える。

その逆で、ムダな情報を削ぎ落としたシンプルな資料は「手抜き」にしか見てもらえず、情報がてんこ盛りの資料を作ってこそ「できるビジネスパーソン」と認めてもらえる――そうした企業文化が日本には蔓延している。

そもそも、これが間違いだ。

プレゼンテーションのスライドに必要なのは、誰が見てもわかりやすいシンプルなメッセージ。そのメッセージにたどりつくまでの情報量がどんなにたくさんあろうと、最後の最後にスライドに加工するときには、余計なものを削ぎ落とし、たった一つの戦略的なメッセージに絞り込む。これこそが、本当によくできたスライドだ。

あなたがプレゼンテーションの資料を作成するのは、上司のためだろうか？　周りに「手抜き」だと思われたくないから、資料を作るのだろうか？

そうではないはずだ。プレゼンテーションの目的は、あなたのメッセージを聞き手に伝えることにある。それこそが最優先すべき目的。その場にいる誰もがひと目で理解し、納得できるスライドを作ることがあなたのするべき仕事である。

ワンスライド・ワンメッセージ・ワンイメージが原則

ここから、効果的なスライドの具体的な作成方法を紹介していこう。

まず、スライドは、ワンスライド・ワンメッセージにすること。これが大原則である。

二つ目に紹介するスライド（図表9－2）のように、言いたいこと（つまりメッセージ）を「ダイエット市場が2012年に2兆円の大台を突破した」ことだけに絞り、それを表す効果的なグラフをつける。

つまり、一つのスライドは一つのメッセージと一つのイメージとで構成されている。ワンスライド・ワンメッセージ・ワンイメージだ。

先に挙げた図表9－1にも、図表9－2と同じグラフが盛り込まれていたが、ほかにもグラフがあり、文章もだらだらと記されていたため、肝心のメッセージが弱くなっていた。伝えたいことが「市場が2兆円を突破」であるのならば、それを端的に表すグラフをたった一つつけるだけでいい。余計な図表はメッセージ性を弱めるだけ。邪魔でしかない。

図表 9-2

ダイエット市場の現状

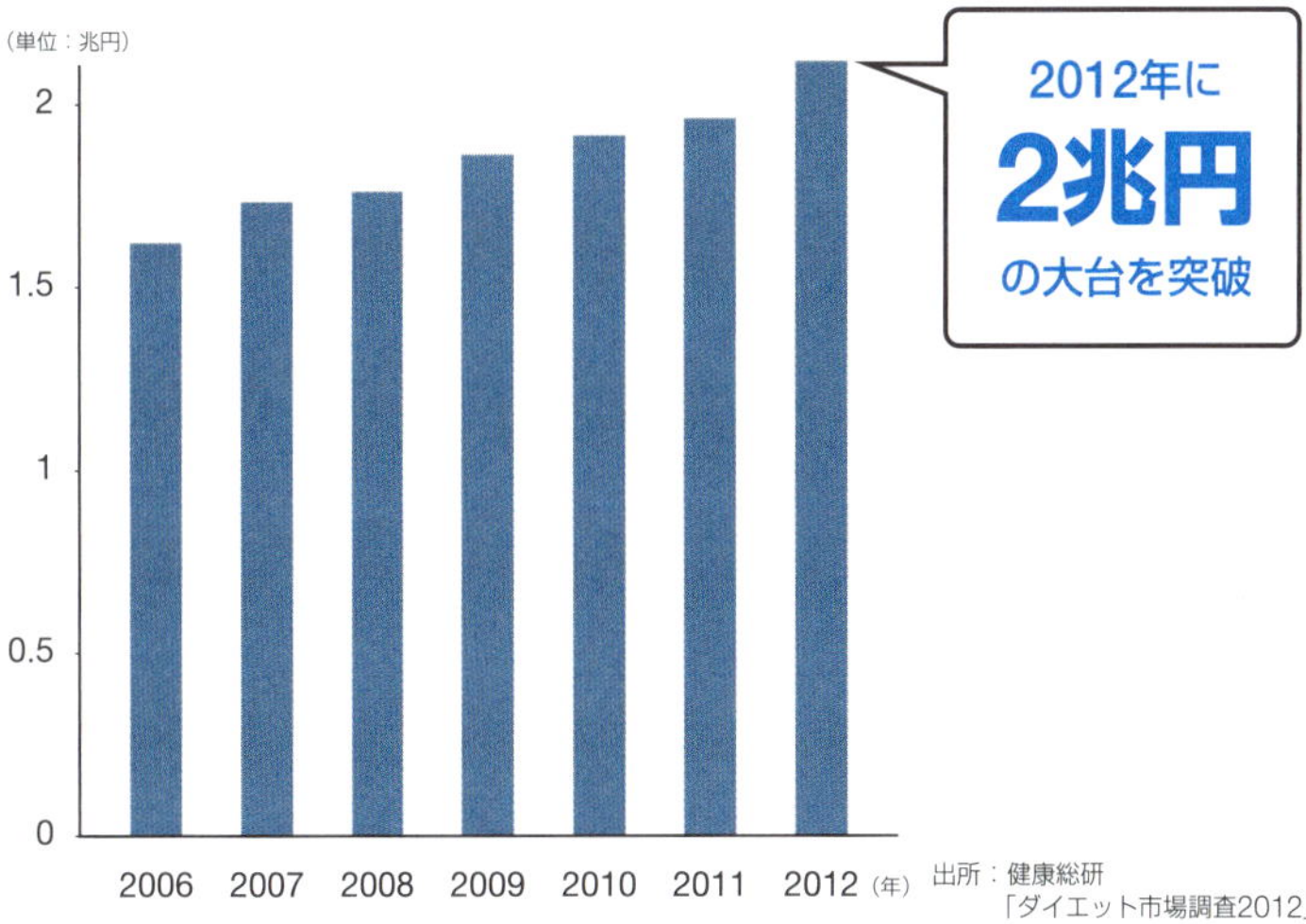

出所：健康総研「ダイエット市場調査2012」

イメージがスライドの大半を占めているのは、人間の右脳に訴えかけることができるからだ。人間の脳は右脳が感情を、左脳が論理をつかさどっているとされている。短い時間内に聴衆に興味を持ってもらいたいなら、イメージ処理を担当する右脳にアピールするしかない。

人間が左脳で論理的に考えられるようになるのは、まず感情が動かされてから。人の心を動かすプレゼンテーションではイメージは不可欠だと考えよう。

ただし、数が多いと効果は半減する。一つのスライドに盛り込むのは、効果的なただ一つのイメージに絞り込んだ方がいい。

メッセージは20文字前後に

スライドに書く文字数にも注意したい。分量としては20文字前後が目安だ。聴衆がスライドをひと目で見て理解するには、この文字数がマックスだと考えてほしい。

文字数がそれ以上多くなると、人はどうするか。読み込もうと身構える。その文章が意図するところを頭で理解しようと努力する。すると、プレゼンテーションでの肝心の話は頭を素通りしてしまう。努力などせずに、パッと見て頭にすんなり入ってくる文字数としては「20前後」が限界だ。

ただし、ただ短くすればいいというわけではない。メッセージが内包している戦略的な位置づけや前提条件、時系列的な概念、あるいは対立的な概念などをうまく取り込みながら、漏れがないように短くする。この技術が不可欠だ。

ちなみに、シンプルにまとめたスライドは英訳しやすいという利点がある。事業をグローバルに展開し、プレゼンテーション資料を英訳している企業が増えていると思うが、ネイティブチェックが必要だとはいえ、短く凝縮されたメッセージのみ記している資料であれば英訳の手間もコストも抑えられる。

グラフはそのままでいいし、「2兆円」という数字を英訳すればそれでOKだ。結論がはっきりしている文章は英訳しやすい。

英語は結論をまず先に述べる言語。英訳が簡単な文章は、プレゼン用の日本語としてもわかりやすい。

短い時間にメッセージを伝えるスキルを磨け

言いたいことを効果的に短くまとめる。これは、持って生まれた才能などではなく、トレーニングで十分に習得可能なスキルだ。

「エレベータートーク」という言葉を耳にしたことはないだろうか？　エレベーターで乗り合わせた短い時間を利用して、相手に自分の企画や要望を伝えて、イエスの返事をもらうことを意味する言葉だが、このエレベータートークはソフトバンクでは日常的に見られた。

分刻みのスケジュールに追われる孫社長に会って話を聞いてもらうのは、誰にとっても至難の業だ。エレベーターのみならず、ちょっとした時間を見つけたら、即座に話を始めて、孫社長の承諾を得なくてはならない。

ここで、少しでもモタモタしようものなら、即座にダメ出しが入る。結論を先にいわず、だらだらと説明を続けると、そこで終わりだ。次のスケジュールに追われ、孫社長はすぐにその場を離れてしまう。

孫社長に話をするときには、最初の10秒が勝負。限られたチャンスは「居合い斬り」のようなものだ。短い時間内で関心を持ってもらい、続きを聞きたいと思ってもらわなければ次へと進まない。

だが、10秒間、話を聞いてもらうことに成功すれば、そのあとにもっと詳しいディスカッションが可能になる。

ソフトバンクの社員は常にこうしたプレッシャーにさらされ、短い時間の中で自分が言いたいこと、伝えたいことを凝縮し、効果的に相手に伝えるトレーニングを積んでいる。私も孫社長のそばでいつも行動し、常にプレッシャーにさらされていた。おかげで、用件を短く明瞭に伝えられる力が身についた。このトレーニングはプレゼンテーションに本当に役に立つ。

自分が伝えたい一番重要なメッセージをいかに抽出し、短文でいえるようにするか。いざという場でその力を発揮できるよう、ふだんから上司に業務報告をするときや、ツイッターでつぶやくときには、「まず結論から述べる」ことを意識しよう。短時間で見る人・聞く人の心を動かす言葉を紡ぎ出すトレーニングを積んでおくことをお勧めする。

縦横比を調整してメッセージ性を高める

スライドに入れる図表の縦横比にも工夫が必要だ。

よくあるプレゼンテーション用のスライドは、キーメッセージが下に書かれている。しかし、文章を入れようとすると、グラフの縦が短くなり、横も縮めざるを得ない。それではスライドで主張したいのが「市場の成長性」であっても、グラフから「成長性」のイメージは薄れ、メッセージが希薄になってしまう。

そこで物をいうのが縦横比の調整だ。グラフをきれいに見せるのではなく、メッセージを効果的に演出するグラフに仕上げよう。

もし、もっと「伸びていること」を強調したいのなら、195ページ図表9－3のスライドのように、上に矢印を付けてもいい。情報に合った吹き出しや矢印を入れると、メッセージ性はより高まる。ただし、あまり図表がうっとうしくならない範囲内で行いたい。

Ｅｘｃｅｌの標準的なフォーマットで仕上げたグラフをそのままプレゼンテーショ

ン用の資料に貼っているという人は、余分な要素をカットするひと手間を加えよう。

Ｅｘｃｅｌの標準のグラフには余分な要素が多すぎる。グラフを囲む罫線、縦軸や横軸の目盛り、凡例などは不必要だ。プレゼンテーションに使う際には、すっきりシンプルで、メッセージを明快に伝えるグラフに加工するプロセスが欠かせない。

人を引きつけるのは数字である

プレゼンテーションには数字は絶対不可欠。数字はすべてのスライドに必要、といっても過言ではない。

図表９－２のスライドには、グラフに吹き出しでメッセージをこう入れている。

「２０１２年に2兆円の大台を突破」

そして、「2兆円」の文字を拡大し強調している。この「2兆円」の数字が極めて重要なのである。

もし、ここで「市場規模は順調に拡大」という数字抜きの表現にしたり、あるいは「２０１2年に2兆１０００億円」という実数を入れたりしたらどうだろうか。インパクトがまったく違うはずだ。

図表9-3

ダイエット市場の現状

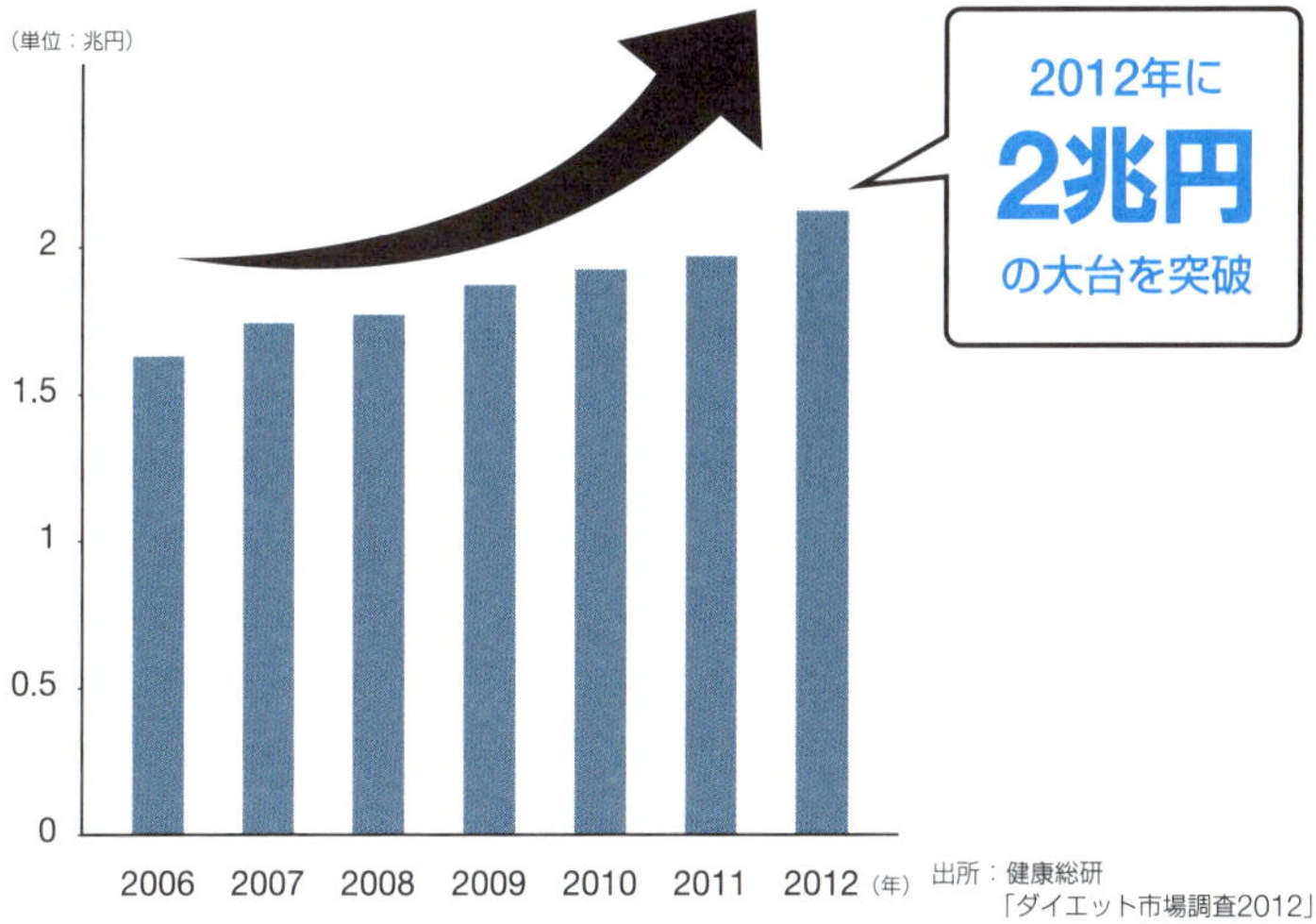

出所：健康総研「ダイエット市場調査2012」

メッセージで大事なのは解釈だ。ただ事実をありのままに述べるのではなく、その事実にどういう価値があるのかを数字を入れて翻訳する。この行為が、プレゼンテーションの価値を高める。

図表9－2のケースでいえば、大事なのは「2兆1000億円」という単なる事実ではなく、「市場規模が拡大を続け、ついに2兆円を上回った」という傾向だ。無味乾燥に数字をただ入れるだけでは、会社にとってそれがどういう意味を持つのかがわからない。メッセージを効果的に引き立てる数字を使い、あなたの解釈を強調し

よう。

数字の持つ意味を伝えよう

ソフトバンクの決算説明会で配布される資料を見ると、どのように数字を入れれば効果的かがよくわかる。会社にとっての価値を伝える数字がほとんどすべてのページに盛り込まれているからだ。

売上高のページでは、ソフトバンクとNTTドコモ、KDDIの3社の売上高を記し、大きく「No.1」となっている。EBITDA（営業利益（償却前））のページでも「No.1」と大きく表記されている。ここで大事なのは、2兆円という売上高や、5921億円という営業利益額ではなく、業界No.1という事実だからだ。

モバイルの営業利益のページでは、ボーダフォン買収前3年と買収後9年の営業利益額を棒グラフ化し、「買収後8倍」と打ち出してある。このページで伝えたいメッセージは、2014年度の営業利益額2079億円という数字ではなく、ボーダフォンを買収してから営業利益が8倍にも膨らんだという実態だからだ。

数字を入れる上で大事なのは、連続的な数字から傾向を読み取ること。そして、競合他社や自社の過去の業績と比較して、数字に意味を持たせること。さらには、数字の「傾向」から未来を予想し、ビジョンを導き出すことだ。数字によって裏づけられた1枚1枚のスライドはプレゼンテーションの説得力をパワーアップする。

数字を単なる数字として扱わず、誰もがわかる見やすいグラフに加工し、数字の持つ意味を聴衆にわかりやすく翻訳してほしい。

ページ番号の表示を忘れるな

数字を効果的に入れたワンスライド・ワンメッセージ・ワンイメージのプレゼンテーション用資料を作成したら、忘れずにページ番号を振っておきたい。

時間を調整したいときには、このページ番号が重宝する。全20ページ中、もう15枚目まで話しているのに、時間が1時間以上も残っているのでゆっくり話そうとか、まだ10枚分しか話していないのに、残り時間は30分を切ったから急いで進めようといった調整が可能になる。

私の場合は、おおむね1枚の資料につき3分の時間を使うと決めている。45分の持ち時間だったら15枚だ。30分だったら10枚。その計算で、ページ数を見ながら話すスピードや盛り込む内容を変えている。それもページ数が振ってあるからできることで、振っていなければ、いま自分がどのへんまで進んでいるのかが把握できない。そうなると不安が増す。慌てず、あせらず、プレゼンテーションを行うために、ページ数を振ったかどうか、最後の確認を忘れずにしたい。

また、聞く人の感情を高めるために、動画を持ってくることも選択肢の一つとして考えよう。観客を呼んでバラエティ番組などを収録するときには、お笑い芸人が前説《まえせつ》で観客のテンションを上げているが、プレゼンテーションにおける動画もそれと同じ効果を持つ。ただし、長すぎる動画は禁物だ。見る人が退屈してしまうので、せいぜい数分程度だろう。

ソフトバンク型プレゼンテーションの表現のポイントを一覧にまとめてみたので確認してほしい。

一つのテーマにつき3つの項目を用意しよう

資料を見直し、ページ番号も振り、間違いがないかどうか確認が終わったら、あとは本番を待つだけだ。

私は、その場の雰囲気に応じて、話を引いたり足したりしながら時間管理を行っている

ソフトバンク型プレゼンテーション

表現のポイントはこれだ！

ポイント 1 ワンスライド・ワンメッセージ・ワンイメージ

ポイント 2 ワンイメージは縦横比に注意

ポイント 3 メッセージに沿った吹き出しや矢印を入れる

ポイント 4 メッセージは説明ではなく解釈で

ポイント 5 メッセージの文字数は20文字前後

ポイント 6 メッセージを裏づける数字を入れる

ポイント 7 最後に必ずページ番号を振る

ポイント 8 適度な長さの動画も効果的

ので、時間が足りなかった、あるいは時間が大幅に余ったということは一切ない。

一つのスライドについて話す内容を3つに決め、その3つに付随する事例や経験談、過去の思い出など「枝葉」の部分をあらかじめ考えて、そのスライドを見れば、自分が何を話したらいいかを思い出せるようにしているからだ。

誰でも仕事をしていると、一つのテーマについて3つぐらいの話は絶対に出てくるはずだ。それがない人はそもそもプレゼンテーションには呼ばれない。

4つも5つもとなると難しいが、3つであれば誰しも覚えられるだろう。1枚のスライドにつき3つの項目を話すつもりで、話を進めていけばいい。

もっとも、いちいち冒頭で「○○について3つの条件があります」などと言ってはくどくなるので、自分の中で「3つ話す」と思っておく程度でいい。

話をどこまで膨らませて話すかはケースバイケースだ。お客さんの食いつきがいいようであれば膨らませ、反応がいまひとつというときにはその部分ははしょって、別の要素を話していく。

こうしてプレゼンテーションしていけば、時間の調整は自由自在だ。最後に駆け足になることもあるが、その場合でも、プレゼンテーションの基本的な内容はスライドに書いてあるので、あとはスライドに従って強調すべき点を伝えればいい。

資料の読み上げや暗記は無意味

プレゼンテーションではライブ感を大切にしてほしい。聞き手の反応を見ながら、笑いが出たら自分もいっしょに笑って間を置いたりして、お互いの掛け合いの中でプレゼンすると臨場感がおのずと高まる。

よくあるパターンが、プレゼンテーション資料をすべて部下に作らせて、肝心の主役がその内容をわかっていないというケースだ。中身がわからないとどうなるか。本番で、資料を読み上げるという行動に走ってしまうのだ。思い当たるふしがある人も多いのではないだろうか。

スライドに入れるイメージ写真などを部下に作成させる程度なら問題ないが、プレゼンテーションで伝えたいメッセージについては、必ず本人がやること。本人が必死でメッセージを考えれば、自然と付け加えたいこと、膨らませたい項目が頭に浮かんでくるだろう。心配だからと、資料の内容をすべて暗記してプレゼンテーションに臨む人も見受けられるが、これははっきりいって逆効果でしかない。

そもそも、スライドに書いてあることをすべて覚えるのはほぼ不可能であり、仮に全部覚えたとしたら、退屈極まりないプレゼンテーションになる。話し手が暗記している内容を淡々と話すプレゼンテーションなど、面白くもなんともない。

暗記した内容を話すだけのプレゼンテーションの問題点は、緊張しやすくなる点にもある。覚えたはずの内容が口から出てこなかったら、頭の中が真っ白になるはずだ。余計な緊張をしなくていいように、暗記はやめよう。メモなど使わず、一つのスライドで3つの項目を話すようにすれば、緊張せずにプレゼンテーションを遂行できる。

自信がないから、あるいは内容を事前によく理解していないからという理由で、ただただスライドを読み上げる行為は、プレゼンテーションの価値を損ねるだけだ。

プレゼンテーションのライブ感は、スライドに出ていない内容を話すことで生まれてくる。資料にないことを話すから、聞き手は驚き、興味を持ち、集中力が高まるのだ。

スライドの内容を資料にまとめ、事前に配布したとしても、プレゼンターが資料にない内容を話せば、聞き手は必ず耳を傾ける。だが、資料通りの内容しか話さないのであれば、聞く必要がないと判断され、人々の関心は薄れる。

先に述べたように、プレゼンテーションの主役はあくまで「人」だ。話をする「あなた」である。「従」の役回りであるスライドをうまく使いこなし、主役の存在感でその場を圧倒しよう。

ターゲットによって話す内容を変える

プレゼンテーションは、同じテーマについて話をし、同じスライドを用意して臨むにしても、対象が違えばその中身は変わってくる。

例えば、ビジネスパーソンが集まる場所でのプレゼンテーションなら、カセットテープにまつわる話を持ち出してもいいが、学生対象ではその話は意味を成さない。カセットテープの存在を知らない世代では、カセットテープの話題に込めたメッセージを理解できないからだ。

いつプレゼンをするかによっても、話す内容は変わってくる。当日の朝、日経新聞の一面に掲載されていた記事を取り上げるのもいいだろう。会場に集まった人々がそのときに興味を持ちそうなトピックからプレゼンを始めるのも効果的だ。

孫社長は、2011年4月に行った「自然エネルギー財団」設立表明の場では、次のひと言でスピーチを切り出した。

「実は、私、24時間これを持ち歩いておりまして、この部屋の放射線量は0・1マイクロシーベルトでございます」

そう言って、ガイガーカウンターを見せていた。時期が時期だけに、聴衆が孫社長の話に一気に集中したのが見て取れた。時宜にかなった話題と小道具などを取り入れると、聴衆を引きつけるという好例だ。

メリハリのある口調で聴衆の心をつかめ

もし、自分のプレゼンテーションを聞いていない人が目に入ったときの対応策についても紹介しておこう。

聞き手の中には、ｉＰｈｏｎｅをいじっている人がいるかもしれない。アンドロイド端末に見入っている人もいるかもしれない。居眠りをしている人が目に入るかもしれない。

そうしたときには、状況を見ながら質問を投げかけて手を挙げさせるなどして、参加意識を持たせるといい。眠そうな人も目が覚めて、スマホを見ていた人もスマホ画面から顔を上げてくれるはずだ。

メリハリのある話し口調も人々の関心を引く。ずっと同じペース、同じトーンで話すのではなく、例えば、「２０１２年には2兆円の大台を突破します」のメッセージを強く訴えたいなら、「2兆円」の部分で大きくはっきりと発声しよう。

最初は、ローキーで話し始めるのも効果的だ。

これは、孫社長のプレゼンテーションによく見られるパターンだが、彼のプレゼンテーションは最初からハイテンションではない。最初はどちらかといえば、しんみりとした口調で始まる。

そして、伝えたいメッセージについてはハイキーで話し、だんだんとテンションを上げていき、高い声を出したときには裏返ったりしながら、最後は泣いて終わるというパターンが多い。こうした感動的なプレゼンテーションも、話し手が自分の中で咀嚼し、練り上げたメッセージを聴衆に伝えたいと心から考え、ライブ感を持って展開しているから実現するのである。

こうした伝え方は孫社長のキャラクターにも支えられているので、誰もが成功するとは限らない。私もちょっと自信がないが、メリハリをつけ、自分のもっとも主張したい部分を盛り上げることについては常に意識した方がいいと思う。

最後に、質疑応答についての私の考えを述べておきたい。

質問はフランクに受けるのが一番いい。もし質問をする人が誰一人現れず、会場がしーんとしてしまった場合には、無理やり誰か顔見知りを指名して、何か質問してもらう方法をお勧めする。

仮に変な質問が出ても、「良い質問ですね」と評価した上で答えれば、次の人が質問しやすくなる。一人でも自発的な質問者が出れば、二人、三人と続きやすい。状況を見ながら、ライブ感を大事にして場を盛り上げよう。

ケーススタディ10

企画書

A4判1枚に結論から書き、数字の表現にこだわる

A4判1枚でまとめよう

企画書は「つかみ」で勝敗が決まる。

最初の数秒で、相手の関心を得られなければ、それで終わり。パッと見た瞬間に「面白そう」「興味深い」と感じて初めて、人は「もっと知りたい」「もっと読みたい」と思うようになる。面白くないと判断されれば、それで終わりだ。

巧みな話術が、最初の10秒程度で相手の心をつかんでしまうように、よくできた企画書も「つかみ」で人を引きつけ、相手の心に迫っていく。

瞬間的に相手の関心を得る企画書を作りたいなら、まず、A4判1枚で内容をまとめよう。何枚にもまたがっていてはダメだ。必ず1枚で完結すること。

ページ数の多い企画書を渡されて、果たして読む気がするだろうか。忙しいビジネスパーソンなら、枚数が多い企画書を渡されただけでうんざりしてしまうはずだ。

2ページぐらいならいいだろうという考えも捨てた方がいい。忙しい人間はページをめくる手間も煩わしく感じる。

企画書はA4で1枚。この分量で、企画の趣旨やエッセンスは十分に伝えられる。

私も以前は、企画書作りが決してうまい方ではなかった。見た目はそれなりの企画書を作ってはいたが、いま振り返れば、ムダな要素が満載で、数字の表現方法もおざなりのわかりづらい企画書しか作れていなかった。

結論は最初に伝える

例に挙げた企画書1（次ページ図表10－1）を見てほしい。

この企画書を読んで、瞬時に何に関する企画書であるか、理解できる人がどれぐらいいるだろうか。目に入ってくるのは「新規事業企画書」の文字ばかり。これでは、どんな企画を考えているのか、どんな新規事業なのか、皆目検討がつかない。

「記」のあとに、企画した新規事業の内容が記されているが、最初に「市場分析」と記されているので、何を企画したいのかはまだ霧の中だ。

読み進めていくと、40代から60代の肥満者が35％を超えていること、各世代の5割から7割の人が体重コントロールを実践していること、2012年のダイエット市場規模が2兆5334億円だったことがわかるが、ここまで読んでも、まだ企画の中身がつかめない。

市場分析を読み終わると、今度は「当社の現状」が語られる。箇条書きで、全部で5つ

図表10-1 企画書1

平成27年4月1日
新規事業プロジェクトチーム
リーダー　山田太郎

新規事業企画書

頭書の件、新規事業企画について「新規事業プロジェクトチーム」で検討を進めて参りました。この度、検討結果がまとまりましたので下記の通りご報告します。

記

市場分析
①現状、日本人成人の肥満者は35%を超えている。(厚生労働省「国民健康・栄養調査」)
②各世代の5割から7割の人が体重コントロールを実践している。(厚生労働省「国民健康・栄養調査」)
③2012年のダイエット市場規模は2兆534億円。(健康総研調べ)

当社の現状
①きな粉を主軸とした大豆加工技術については業界でトップレベルにある。
②現状でも国内で有数の大豆の取扱高があり価格競争力がある。
③販売チャンネルは当社→卸→小売りという商流で利益率は低い。
④当社の商品を購入してもらっている顧客のリストはない。
⑤食生活の変化の中できな粉など当社製品の需要は減退している。

新プロジェクトの概要
①大豆粉をベースにこんにゃくを混ぜた糖分のない米に似た粒状の健康食品を開発する。
②販売はネットを中心にした直接販売とする。
③価格は売価1kg 500円（税抜）とし原価は1kg 100円以下とし、米に対して競争力がある価格を目指す。
④製造は自社工場で行う。

以上

の項目が当社の現状として紹介されているが、ここまで読んでも、依然として新規事業の中身はぼんやりとしている。

市場分析や当社の現状から類推して、「どうやら、自分たちが得意とする大豆加工技術を使った何かを事業として立ち上げたいようだ」と思えなくもないが、いまだ結論部分が書かれていないので、憶測の域を出ない。

ようやく新規事業の概要がつかめるのは、最後の段に入ってからだ。「新プロジェクトの概要」のところを読んで、人は初めてこの新規事業企画書が何を訴えたかったのかを理解する。

これでは結論に至るまでが長すぎる。趣旨をつかむまでに時間がかかりすぎる。ダメな企画書の典型だ。

タイトルは大きく表示

人の心に響かない企画書は、タイトルの表示方法がそもそもまずい。タイトルが小さく表示された企画書では、相手の目を引くことはできない。企画書のタイトルは大きく書こう。タイトルでまず、読む人の目をとらえるのである。

だからといって、図表10－1の「新規事業企画書」のタイトル文字を拡大しても効果はない。「新規事業」に関する企画書であることに間違いはないにしても、タイトル自体が中身について踏み込んでいないとインパクトが弱い。タイトルを見ただけで、「何を企画しているのか」がわかるタイトルをつけることだ。

企画書2（図表10－2）を見てみよう。タイトルにははっきりと大きくこうある。

「新商品『糖質0米』企画書」

これなら、誰がどう見ても、「糖質0米」という新商品に関する企画書であることがすぐにわかる。読み手は「『糖質0米』っていったい何だ？」と思うだろう。これがポイントだ。

興味を持ってもらえれば、企画者としては最初の勝利。「企画書の中身を読んでもらう」という次のステップに導くことができる。

①何についての企画なのかがわかる
②文字サイズは大きく

この2つを踏まえて、タイトルをつけてほしい。

図表 10-2 企画書2

平成27年4月1日
新規事業プロジェクトチーム
山田太郎

新商品「糖質0米」企画書

新商品「糖質0米」とは?

大豆粉ベースにこんにゃくを混ぜた糖質0で低カロリーの主食の米の代わりとなるダイエット食です。ネットなどによる直接販売を目指します。

なぜ「糖質0米」か?

〈日本人成人の肥満率〉

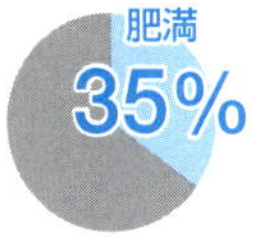

出所:厚生労働省「国民健康・栄養調査2013」

〈各世代の体重コントロール率〉

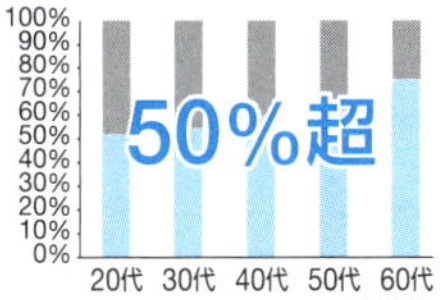

出所:同左

〈ダイエット市場の市場規模推移〉

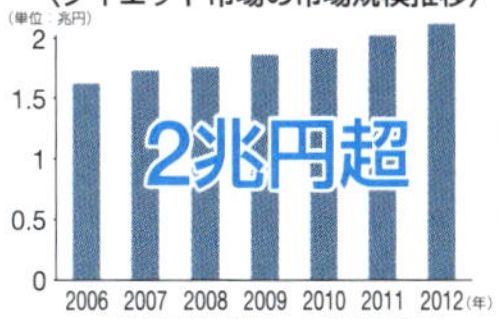

出所:健康総研「ダイエット市場調査2012」

肥満解消は国民的課題であり大きなビジネスチャンス!

当社の強み

① 大豆の粉化処理における高い技術力

② 国内大豆取扱高で**18%**の高いシェアによる価格競争力

③ 創業75年の実績

当社の課題

① 食生活の変化による市場規模売上の減少傾向
（平成18年度230億円→平成25年度180億円）

② 流通の複雑さによる利益率の低さと低下傾向
（平成18年度32%→平成25年度23%）

③ エンドユーザーとの接点がないことによるニーズの把握の難しさ

「糖質0米」の概要

❶ 大豆粉をベースにこんにゃくを混ぜた糖分のない**米に似た粒状**の健康食品を開発する。

❷ 販売は**ネット**を中心にした直接販売とする。

❸ 価格は売価1kg500円（税抜）とし原価は1kg100円以下とし、米に対して**競争力がある価格**を目指す。

❹ 製造は**自社工場**で行う。

大きな文字は、タイトルを目立たせる以外の意味もある。企画書を見せる相手はほとんどが上司だ。40代以上の世代が多くなる。

老眼の症状が出て、小さな文字を読みづらくなってきている世代に図表10－1の企画書1を見せたら、「小さい文字は読めない」などといわれる可能性が大きい。口に出していわれなくても、「読みづらいなあ」と思われてしまったらマイナスだ。

相手の心をつかむためにも、老眼の上司に嫌がられないためにも、企画書のタイトルは、コンセプトがはっきりと伝わるものとし、どーんと大きく表示することである。

枚数が多い企画書＝良い企画書ではない

企画書2はA4で1枚の構成だが、もし資料をつける必要があるならアペンディックス（付録）として、おまけ的につける方法をお勧めする。例えば、日本人の世代別の肥満率がわかるデータを追加として入れたいのなら、後ろに別添資料としてつけよう。

だが、企画の趣旨については1枚でまとめる。肝心の企画書と添付資料とをいっしょくたにしてはいけない。

よくあるのが、何が言いたいのかわからないけれど、資料だけはたくさんあるという企画書だ。要らないかもしれないがとりあえず入れておこうと、あれもこれもと資料を添付したあげく、基本趣旨が不明瞭になってしまった企画書は、読み手のことをまったく考えていない。

こうした企画書が氾濫しているのは、資料をつけて全体を厚くすると、なんとなく仕事をした気分になれるという人が多いからだろう。そういう人は、この企画書の例でいうと、米国のダイエット市場規模推移の数字なども資料として添付しそうだ。

だが、米国で販売する計画がない以上、米国の数字を持ち出しても意味がない。もともとの資料に入っていたからといって、安易に持ってくるのもＮＧである。

ムダを削ぎ落としつつ、メッセージを効果的にアピールしよう。伝えたい内容をＡ４判1枚でまとめる努力を重ねれば、必要な要素だけに絞り込むスキルが身につき、さまざまなビジネスシーンで役に立つ。

この企画を通すために何があれば必要十分なのかを真剣に考え、追究していくと、おのずと要るもの要らないものの取捨選択ができるようになる。要らないものを積み上げて、資料の厚さだけで勝負するのははっきり言って会社にとって罪悪だ。自分がこのグラフ、この企画書でそもそも何を言いたいのか。それをとことん考えよう。

冒頭に結論を持ってくる

企画書1と企画書2の違いは、タイトルだけにあるのではない。全体の構成もまったく異なる。

企画書1は、市場分析から始まり、当社の現状を述べ、最後で新プロジェクトの概要に至る構成だが、企画書2は冒頭で「新商品『糖質0米』」のコンセプトをコンパクトにまとめ、その次に市場分析や当社の強み・課題に入り、最後に「糖質0米」の概要を箇条書きにしてまとめている。

どちらが読む人の心をつかむかは言うまでもないだろう。分析から始まって、最後に「こうなりました」という結論を持ってくる構成では、忙しい相手の関心を引くことは難しい。最初にまず言いたいこと、メッセージを打ち出そう。企画書は最初に結論ありき。結論に至るまでの根拠はそのあとでいい。

結論を最初に書くということは、あなたが企画書で目指すところを一番に相手に伝えるということだ。読み始めの段階で結論を提示して、勝負を決めよう。

企画書に添えてサンプルを用意するのもいい。新商品の成功を裏づけるような調査数字を豊富に揃えるのもいいだろう。だが、それらはすべて結論のあとで構わない。

結論も長々と書いたのではインパクトが弱まる。文章量としては2～3行程度。少ない分量の中で、結論をまとめるトレーニングについてはケーススタディ9のプレゼンテーションのところでも触れたが（191ページ参照）、企画書をまとめる際にもこのトレーニングは効果を発揮する。

色の使い方も、2つの企画書は対照的だ。モノトーンの企画書1に対して、企画書2は実際はフルカラーで仕上げている。ただでさえ、文章だけで構成された企画書1は無機質な印象を与えるのに、モノトーンのためにさらに無味乾燥な印象が強まり、読みづらさが増している。

一方、企画書2は、項目部分は青を基調にまとめ、強調したい数字やキーワードは赤で記している。インパクトとしては当然、企画書2に軍配があがる。

もっとも、あまりにも多くの色が使用されていると、目がチカチカしてしまうので注意したい。色数はある程度絞ろう。

また、全体のトーンを合わせた方が目に優しくなる。企画書2は全体のトーンが揃っているからこそ、強調したい部分に入れた赤の色が映えるのである。カラーでお見せできないのが残念だ。

視線の自然な動きを意識する

企画書をまとめる際には、人間の目の運びを考慮しながら、図や表などビジュアルの配置を心がけたい。

横書きのものを読むとき、人の視線は左から右へ、そして下へと動いていく。企画書でも同様だ。視線の自然な動きを意識して、言いたいことを上から下に、左から右に持って行く。

企画書2では、「なぜ『糖質0米』か?」として、この企画を支える3つの統計数字をグラフで表現している。内容は、円グラフが一つと棒グラフが2つ。これらは左から右へと行くにつれて、重要性が高くなることにお気づきだろうか。

一番左にある「日本人成人の肥満率」も重要な数字ではあるが、一番右に配置した「ダイエット市場の市場規模推移」は、「糖質0米」の必然性や成功の可能性を物語るもっとも有力な根拠だ。

これらを逆に配置してしまうと、意味が伝わりにくく、インパクトが弱まるので要注意。横一列に並べるのだからどこに置いても関係ないという発想は禁物だ。伝えたいことを順番に、上から下へ、左から右へ。この順番を頭に刻み込もう。

数字の表現方法にこだわる

企画書2に入れたグラフには、一つの共通点がある。

一番左の「日本人成人の肥満率」の円グラフには「35％」という数字が、中央の「各世代の体重コントロール率」を表した棒グラフには「50％超」の文字が、右側にある「ダイエット市場の市場規模推移」の棒グラフには「2兆円超」と文字がかぶせてある。そう、伝えたいメッセージは数字で明快に表し、大きく強調するのが、読み手の心に迫る企画書の共通点だ。

円グラフにも棒グラフにも、それぞれの細かい数字は一切入れていない。それを入れてしまうとグラフがうるさくなり、何を言わんとしているのかがわからなくなるからだ。棒グラフについては最低限目盛りを入れないと、意味が不明になってしまうので入れているが、それ以外の要素は削除し、伝えたいことは数字で強調しよう。

小数点以下の数字は四捨五入するのが望ましい。本当は「35・11％」だとしても、そのまま入れてしまうと、インパクトが弱まる。また、仮に「各世代の体重コントロール率」

が実際は51％だとしても、ここは「50％超」とした方がメッセージ性が高まる。

数字には力があるだけに、表現方法にはこだわりたい。その手法については、ソフトバンクの決算資料が大いに参考になる。例えば、２０１５年３月期第１四半期の決算資料の20ページを見ると、次のような記載がある。

売上高	8兆円
ＥＢＩＴＤＡ	2兆円
営業利益	1兆円

8、2、1と横に数字が並ぶと圧巻だ。こちらに訴えかける力がある。これを、

売上高	8・2兆円
ＥＢＩＴＤＡ	2・1兆円
営業利益	0・9兆円

などとしてしまうと、印象がぼやけてしまう。

同じ決算資料の32ページには、Ｙａｈｏｏ！ショッピングの取扱商品点数の伸びを示したグラフが入っているが、ここではグラフに「1億点超」と記している。重要なのは、商品点数が1億点を超えたことであって、細かな数字ではないからだ。何を伝えたいのかを吟味して、数字の表現方法を考えよう。

ただし、細かな数字はカットしても、出所は必ず明記すること。

例えば、「日本人成人の肥満率」の円グラフは余分な要素を排した極めてシンプルなものなので、ここで出所まで省いてしまうと信ぴょう性が薄れ、うさんくさいデータだと思われかねない。出所を入れるのは作法として必須だ。できれば入手できる範囲の最新のデータを入れることである。

縦横比を調整し、余分な要素はカット

図表の使い方に関しては、プレゼンテーションのところでも紹介したが（193ページ参照）、企画書においても縦横比に注意が必要だ。

ソフトバンクでは、伸びている現状を伝えたいときには横軸を短く加工している。横軸が長いと、伸びているように見えないからだ。企画書2の「ダイエット市場の市場規模推

移」のグラフも、横軸が長いと極めてゆるやかな伸びにしか見えなくなる。が、縦横の比率をちょっと調整するだけで、棒グラフの伸びの角度が強調される。

縦軸横軸の最大値は勝手に決められているので、最大値を固定すると収まりが良くなる。必要にして十分な縦横比を追求しよう。

また、細かなことだが、要らない横棒や罫線はすっぱりと削除すること。Ｅｘｃｅｌで作ったグラフは、標準仕様のままだとごちゃごちゃとうるさい余分な要素が多すぎる。

これらは、伝えたいメッセージの障害でしかないので、グラフの枠線や目盛線、場合によっては縦軸も削除した方がいい。さらに、グラフの棒と棒の間が開きすぎていると間延びしている印象を与えるので、できれば間隔を狭めよう。

慣れてしまえば、これらの作業は30秒程度で完了する。ちょっとした手間を加えて、シンプルかつインパクトのあるグラフを完成させよう。

クオリティの高いイメージ画像を貼る

企画書2の一番下の項目を見てほしい。「糖質0米」の概要を箇条書きで述べている箇所だ。ここにご飯をよそったお茶碗の画像を入れている。この画像を見ても、これが「糖質0

米」だとはわからない。単なる白いご飯の画像にすぎない。

要するにイメージ画像であるが、この画像には一定の役割がある。

プレゼンテーションのところでも触れたが、人間はモノを考えるとき、右脳と左脳の両方を駆使している。何かを読み始めるとき、最初に動き出すのは、イメージをつかさどり、感情をコントロールする右脳だ。右脳が何かに興味を引かれると、今度は論理的な思考をつかさどる左脳を使って人はモノを読み始める。

つまり、企画書を読んでもらうには、右脳に働きかけ、興味を引くなんらかの「フック」が必要だということ。イメージが伝わる画像を入れているのはそのためだ。

イメージ画像がない、無味乾燥な文字や図表だけが並ぶ企画書よりは、イメージが伝わる画像のある企画書の方が読む人の右脳にアピールする。イメージ画像は必ず1点は入れるようにしよう。

かといって、点数が多すぎるとうるさくなってしまうので、1点か2点に絞り込むことが重要だ。

なお、使用する画像は、必ず著作権フリーのものを使用し、クオリティにはこだわりたい。イメージ画像だからと適当なモノを選んでしまうと、とたんに企画書全体が安っぽくなる。いまは安価に購入できる著作権フリーの画像サイトがいくつもある。企画書にふさわしいクオリティの画像を探そう。

また、画像を企画書に貼り付ける際には、そのままの形で貼るのではなく、背景を切り取るなどしてすっきり収まる形にすること。図表も手間をかけてシンプルさを追求したように、画像についても同じである。ちょっとしたひと手間を惜しんではいけない。

箇条書きは5つまで

企画書2の一番下には、「糖質0米」の概要を4つにまとめ、箇条書きにしている。この「4つ」という数字がポイントだ。

ケーススタディ5のプロジェクトマネジメントシートのところでも述べたが（126ページ）、箇条書きにするときは、多くても5つ以内に抑えたい。なぜかといえば、人間がパッと見て把握できるのはせいぜいが5つまでだからだ。

私は、それは右手左手の指がそれぞれ5本だからだと考えている。自分の指で数えられないものは覚えられないのではないだろうか。

例えば、机にコインをばらまいたとしよう。目に飛び込んでくるのは、普通は5個ぐらい、多くても7個だろう。それ以上は、「8、9、10」と指でささないと数えられない。数字もいちどきに覚えられるのは7桁どまり。8桁、9桁となるともうすんなりと記憶するのは無理だ。

人のマネジメントにも同じことがいえるだろう。一人の人が一度に管理できるのは、どんなに多くても7人。いや、7人以上だとパンクする可能性が急速に高まる。この仕事を誰に発注しようか、彼の仕事はいまどこまで進んでいるかなど、各人の仕事をマネジメントしようとしても、7人以上ではお手上げということになりかねない。

話が飛躍してしまったが、箇条書きにするなら5つ以内に収めることをお勧めする。なお、箇条書きの文章の文字数にも注意を払いたい。1項目の文字数は40字以内にとどめよう。1行に収めるのが理想的だが、どうしても難しい場合には2行までとする。一つの項目が3行以上あると、箇条書きの意味がなくなる。

伝えたい単語やフレーズは強調せよ

企画書2では、相手に特に伝えたい単語やフレーズを太字（実際は赤）で強調しているが、これはもし企画書が独り歩きをした場合の読みやすさを考慮した工夫である。話し手が主役のプレゼンテーションと違って、企画書は往々にして独り歩きするもの。作成者がいつも企画書を説明できるとは限らない。

そうしたシーンを想定し、メリハリをつけて、キーワードになる部分は変化をつけて大きくした。人が言いたいことを話すときには思わず声が大きくなるように、文字も言いたい部分は強調しよう。

なお、この企画書はプレゼンテーションのスライドとしては使えない。情報が詰まり過ぎで、文章が多すぎるからだ。詳しくはプレゼンテーションのところ（180ページ以降参照）で述べたが、プレゼンテーションで使用するスライドはパッと見てすぐに中身がつかめなければならない。この企画書2の内容を最低でも3つぐらいに分けて構成しなおせば使えるかもしれないが、それでも工夫が必要だ。企画書のプレゼンテーションへの流用、あるいはプレゼンテーション資料を企画書化するといった安易な発想は捨ててほしい。

「評価」がない資料は資料ではない

企画書を相手に説明する際の注意点についても触れておきたい。

どんなによくできた企画書でも、ただ読み上げるだけでは意味がない。必ず、自分の評価を述べること。これがない企画書では相手の心を動かすことなど不可能だ。

企画書2の例でいえば、「この資料を見て私たちは、各世代ともに50%以上が体重のコントロールをしているということから、今後、ダイエット市場は非常に有望だと考えました」という説明をするのならわかるが、「20代は○%、30代は○%、40代は○%、50代は○%、60代は○%あり、すべての世代で体重コントロールをしている人の割合は50%以上におよんでいました」とだけ読み上げるのでは、企画書の説明としては失格だ。それは単なる市場規模の説明でしかない。

会議に参加してよく感じるが、自分の判断を言いたくない、自分の意見を表明したくないという人は少なからずいる。そういう人は、営業成績を報告する場で、淡々と「今月は○%でした」と話すだけで終わってしまう。

しかし、その数字には必ず何らかの理由があるのだ。いきなり数字だけが降って湧いたはずがない。会社にとっての意味づけを行わないと、具体的な次のアクションにはつながらない。

会議でも企画書でも、次のアクションにつながる要素がない資料は悪である。グラフがあれば、そこには「自分はこう思う」という意思が働いているはずだ。だからこそ、そのグラフが作成されたのであり、そこには必ず「評価」が存在する。「評価」がない資料は資料といえない。

自分の判断を言いたくない。そうした人が多いのは、何かを口にすれば責任を取らなくてはいけないと思っているからだ。これは責任回避にほかならない。会社に対して貢献していない、やっているふりをしていますと言っているようなものだ。

一切、自分の評価を口にせず、そこを上司もつかない。その積み重ねが生産性を下げていく。

取材時にはA4判1枚にキーワードをまとめて対応

さて、企画書についていろいろ述べてきたが、もし取材を受ける機会があれば、メモ程度でもいいから、この企画書のようにA4判1枚に事前に要点をまとめておくといいだろう。

私はこれまで数えきれないほどの取材を受けてきたが、メモがないままで対応したことは一度もない。質問に答え、人に説明したいことがあるなら、キーワードを書いて、自分の頭をまとめていくプロセスが欠かせない。自分の頭がすっきりしていないで、どうして人にわかりやすい話ができるだろう。

頭の中だけで、これを言おう、あれを言おうとこねくり回すだけでは、いざ話をするときに、思うように話が出てこないものだ。理路整然とした話をしたいなら、キーワードやメッセージを記した紙を用意すること。

別に、話したい内容すべてを脚本のように書く必要などないのだ。話の幹の部分だけでいい。紙があるのとないのとでは、話す内容に大きな差が出る。

また、企画書2が結論からスタートしているように、取材を受けるとき、あるいは誰かに説明しなくてはならないときにも、まず結論から述べよう。

例えば、自社が業務提携する相手を3社の中から1社に絞ったことに対して、取材なり説明なりを求められたとしたら、「これこれこういう事情で3社に絞り、一番品質が良かったのはA社でしたが、予算が足りなかったので、結局はC社にしました」という説明ではまだるっこしい。

「C社にしようと思います。なぜならば〜」という順序で、結論のあとにその理由や背景を述べることだ。だらだらとした話は聞く人を退屈させる。時間のムダ使いでもある。

さらにいえば、曖昧なもの言いも避けた方がいい。「○○しようと思うんですが……」のような語尾を濁す話し方は、相手に余計な疑問を抱かせる。孫社長を前にそのような話し方をしたら、一瞬のうちに斬られて終わりだ。

ソフトバンクではほとんどの社員が一度は、孫社長の居合い斬りに斬られて討ち死にしている。くどいようだが、私も最初のころは何度も話を中断させられた。百人いたら百人とも痛い思いをしていると思う。

だからこそ、結論から話し、メッセージを明快に伝える技術が磨かれる。私もいまは、孫社長に話を最後まで聞いてもらえる自信がある。それだけではない。スピーチや取材対応もずいぶんとうまくなったことを実感している。日頃からの訓練は、企画書はもちろんのこと、プレゼンテーション、取材などビジネスのあらゆる場面で生きてくるのである。

特 別 付 録

資料作成のツボ

資料の準備・構成から
各種グラフの作り方まで

ケーススタディ1から10までで、資料作成の際の表現上のポイントや経営上の意味について取り上げたが、最後に、「これさえつかんでおけば資料作りの達人になれる」というツボを紹介しよう。

仕事で作成しなければならない資料は、ケーススタディで紹介したものばかりではない。目的に応じて、シーンに応じて、私たちはさまざまな資料を作り上げていかなければならない。

そのときにも、ここに出ているツボを常に意識していれば、恐るるに足らずだ。どれも小さなコツだが、その積み重ね、繰り返しが、問題点を把握し、次へとつながる資料作りの達人へとあなたを導く。コツをつかみ、ツボを心得て、会社に貢献できる有意義な資料をぜひ作ってほしい。

資料の準備編

1 ▼ 自分が作るものはプレゼンテーション用資料なのか企画書なのかをいつも意識しよう

これは180ページでも述べたが、不特定多数を対象にするプレゼンテーションと、特定の相手に向けて作成する企画書はそもそもの役割が違う。プレゼンテーションは話し手が主役であり、プレゼンテーション資料はサブでしかない。一方、企画書の主役は企画書そのものだ。あなたの手を離れて歩き出すこともおおいにあるので、独り歩きを想定した上でわかりやすい企画書を作らなくてはならない。

テーマが同じだからといって流用は禁物。必ず分けて作成したい。

2▼プレゼンテーションでは事前配布があるのかどうか、順番も把握しておこう

プレゼンテーションは、資料の事前配布がない方が注目度が高い。事前に配ってしまうと、どうしても聴衆は資料に目を奪われてしまうからだ。もし事前配布アリの場合は、キーメッセージを入れても構わないが、説明過多ではいけない。配布資料に情報量が多いとあなたの注目度が下がってしまう。事前に資料を配る場合、その内容はできればプレゼンテーションの全容がつかめないような意外性のある内容が好ましい。

3▼順番とターゲットを確認しよう

順番については、私は過去のある痛い失敗からいつも意識するようにしている。孫社長といっしょに出かけたある重要なプレゼンテーションの場で、最初にまず戦略説明に重点を置く、ハイレベルのエグゼクティブ向けプレゼンテーションを想定していたら、あとに

来るはずの実務型の人へのプレゼンテーションへと順番が差し替えられてしまったのだ。

実務型のプレゼンテーションには細かな数字や実績集などの要素がどうしても多くなる。しかし、そうした細かな話は、役職が上のえらい方々には退屈だったらしく、途中でスマホをいじり始めた。その光景を見てもうまく方向転換できなかったことは、いま思い返しても悔しさが残る体験であった。

もし、事前にスケジュールを確認できていたら、途中までハイレベルのプレゼンテーションを行い、そのあとで実務レベルの内容に切り替えていただろう。導入部でエグゼクティブの心をつかみ、それから具体的な話に入るという流れである。

直前であっても順番を知っているのと知らないのとでは大きな違いだ。どんな人向けにどの順番でプレゼンテーションをするのか、えらい人が先か、実務者が先か、相手は学生なのか、中間管理職なのか、などなど順番とターゲットは必ず確認しよう。相手が学生や新入社員の場合は、知っていることが少ないので、付加的に情報を付け加えることを意識して行いたい。

4▼操作環境を考える

ノートPCをどこで操作するのか、操作係が別にいるのか、それとも自分がやるのか。

大事なプレゼンテーションのときには、操作環境のチェックも怠ってはいけない。確認しておけば、本番前に焦ったり慌てたりすることもないはずだ。

5 資料は一人で考えない

資料の構成を一人だけで考えると、独りよがりな内容になりがちだ。自分の頭だけでは内容が煮詰まってしまう。それを避けるには、誰かの頭を借りることだ。一人より二人の知恵を合わせよう。新入社員向けなどの場合には、テーマに関して深く知らない人の手を借りて、相手に疑問点を投げかけてもらうようにするといいだろう。あなたが「これぐらいはわかって当然」と思うことが意外に理解されず、知られていない内容である可能性は高いのだ。

6 信頼できるソースを探す

資料に出てくる数字がすべて「自社調べ」では信頼度に欠ける。できるだけ、他の信頼できるソースをあたり、最新版を入手したい。また、使用許諾を取る必要のあるものは必ず取ること。これは社会人としてのルールである。

7▼絵や写真は一定の品質のあるものを用いよう

絵や写真のクオリティが低いと、資料はいきなり陳腐化する。また、画質についても適切な画面サイズに合わせたい。プレゼンテーションのときに、スモールサイズの画像を大画面に投入することは絶対避けよう。

ライセンス処理もしっかりと行いたい。いまはｉＳｔｏｃｋｐｈｏｔｏなど低価格でハイクオリティの著作権フリーの画像が手に入るサービスが増えている。たとえ社内用の資料であっても、できれば購入することをお勧めする。

著作権にむとんちゃくだと思われるのはコンプライアンス上、非常に好ましくない。資料が何かのきっかけで外部に出回らないとも限らないのだ。もし社内用の資料でコストをかけられないのであれば、著作権フリーの無料サイトをあたることだ。

8▼調査結果や写真・イラストの権利処理をする

調査結果、データ、写真、イラストなど作成したもののコピーライト処理も忘れずに行おう。７の項目でも述べたが、資料はどこに流れるかはわからない。著作権についての意識を高く持って資料作成にあたりたい。

資料の構成編

1▼全体のキーメッセージを1枚目に入れよう

忙しいエグゼクティブ向けの資料は1枚目で心をつかもう。できなければ、それで終わりだ。孫社長の場合は、わずか10秒が勝負の決め手だった。最初に強力にアピールできなければ、相手はスマホでメールチェックをしかねない。ぜひとも訴えかけたい自社のテクノロジーやサービスなど「ウリ」の部分については、冒頭に出す。もったいをつけてはいけない。

なぜ自社と取引をするべきなのか、なぜ自社に決めるべきなのか、その理由がわかるような構成にしよう。最初に他社との性能比較などをやっても仕方がない。

2▼メッセージは20字以内に収めよう

せっかく冒頭にキーメッセージを持ってきても、だらだらと長いのでは意味がない。1行1行読んでパッとすぐにわかる量をマックスと心得よう。

ソフトバンクの資料も非常に短い。1枚のスライドに書いてあるのは「大幅に増加」だったり、「世界初の○○」だったり、本当にシンプルなフレーズだ。どこから読み出したらいいのかわからないもの、読み込むのに時間がかかるメッセージはアウトだ。

3▼ワンメッセージ・ワンイメージ・ワンチャート

言いたいメッセージをもっともよく伝えるイメージやチャートを採用すること。ソフトバンクの場合、あまり複雑な図解は入れていない。マトリックスもない。読み込む必要が出てくるからだ。

ただし、やたらとイラストだらけというのも良くない。イラストが多すぎると、言いたいメッセージが伝わらなくなる。イラストの数はせいぜい1枚に1点程度。ただし、パワーポイントの中に標準で入っているクリップアートを使うのは避けたい。「使い回し」感が強くなる。オリジナリティを持たせよう。

4▼メッセージは解釈である

メッセージは単なる数字ではいけない。会社の意味するところを入れること。ソフトバンクの例でいえば、「大幅に改善」とか「スマホ1億台時代へ」「適正水準」のように、その数字が会社にとって何を意味するのかを伝える。見る人にとっての意味づけをしてあげることが大切だ。事実を書くだけではメッセージ性があるとは言えないのである。

5▼結論から構成する

言いたいことは最初に伝える。まず結論ありきが大原則だ。これは、業務報告をするときも同じである。結論を述べ、それから理由なり背景を的確に述べていく。

6▼数字を入れる

数字がなく、解釈だけでは嘘になる。例えば、「大幅に改善」と解釈を伝えても、それを裏づける数字がなければ信ぴょう性に欠ける。ソフトバンクの場合、数字がない資料は許されない。数字は必須と考えよう。

7▼複雑に作るな

一つのグラフに複数の要素を詰め込み過ぎると、読みづらくなる。自分は仕事をたくさんした気分になるかもしれないが、読み手にとっては迷惑千万である。

スライド作り

1▼Ｅｘｃｅｌで作る部分とパワーポイントで作る部分を分離する

Ｅｘｃｅｌで全部の数字を見せることはできるが、基本的にはグラフはグラフとして作成すること。Ｅｘｃｅｌだけで完結させようなどと考えてはいけない。

2▼Ｅｘｃｅｌをうまくパワーポイントに貼る

Ｅｘｃｅｌはパワーポイントに貼る形が望ましい。コピーして貼り付けると表形式になるので、イメージデータとして貼り付けを選び、図として貼ること。そうすれば、その後に数字を足すこともできる。うまく加工するなら、絶対にこちらの方法だ。

Ｅｘｃｅｌを使い慣れた人ほど、Ｅｘｃｅｌの世界だけで完結させようと、Ｅｘｃｅｌ職人としての技術を誇示しがちになるが、それは自己満足でしかない。パワーポイントに貼った方がその後の処理はしやすいし、見た目もわかりやすい。

Ｅｘｃｅｌでのグラフ作り

1▼テクニックに走るな

前の項目でも述べたが、Ｅｘｃｅｌのテクニックに走らないこと。読み手を無視した独りよがりの図表にしかならない。シンプルで伝わりやすいメッセージを優先させ、言いたいことに合わせて情報を選ぼう。

2▼凡例は使わない

凡例は便利なように見えて、読み手の「手間」を取らせるクセモノだ。「この棒グラフは何を表しているのか」などと照らし合わせなければならないモノを作るのがそもそもおかしい。見てすぐにわかるグラフを追求すべきだ。ラベルも直接プロットエリアに書けば、それでいい。目を動かさないとわからないグラフは作ってはいけない。

グラフはシンプル・イズ・ベスト。ソフトバンクの場合、軸すらない。見やすさを最大限追求しているからだ。

3▼三次元効果は使わない

三次元効果のグラフはなんとなく格好良く見えるが、実際はわかりにくい。意味のない手間は省こう。

4▼クリップアートは使わない方が見やすい

クリップアートを使うと、ごちゃごちゃとした印象になるし、「どこかで見た」という既視感も与える。パワーポイントについているからといって安易な使用は禁物だ。

5▼タイトルと出所は必ずつける

何のグラフなのかがわかるよう、タイトルは忘れずつけよう。これはお作法の領域である。データの出所も明確につけること。出所が不明瞭なグラフは信用されない。

6▼矢印や吹き出しなどメッセージに合った追加要素を入れる

先の2でシンプルなグラフが一番と書いたが、矢印や吹き出しは効果的に使いたい。ソフトバンクの場合、「ガンホー子会社化に伴う一時利益」と引き出し線で書いたり、急に変化している理由を入れたり、「ここは季節変動による」といった理由を吹き出しで入れている。読み手が「ここはどうしてなのかな」と疑問を持つと思われる箇所には吹き出しを入れるといいだろう。ただし、多すぎるとうるさくなるので要注意。

7▼複合グラフは必要があるときのみ使用する

例えば、売上の推移とマーケットシェアの関係などに明らかな相互関係が見られる場合には、複合グラフにした方がいいだろう。だが、そうした関係が見られないのであれば、複合は避けよう。

棒グラフ編

1▼縦と横の棒グラフと折れ線グラフを使い分けよう

グラフにはそれぞれ向き不向きがある。縦の棒グラフは、トレンドと数字自体の双方を強調したいような場合で、かつ一つのデータ系列を示したいときに向いている。項目が多くて、グラフの棒が多くなるときには、横の棒グラフに加工した方が見やすい。

折れ線グラフは、他社と比較するときなどに使いたい。これを棒グラフにすると一気にわかりづらくなる。グラフを重ねて時系列変化を示すような複数のデータ系列を表すのには、折れ線グラフはうってつけだ。

2▼成長していることを示すときには目盛線をなくせ

ソフトバンクのグラフの定番ともいえる形だが、成長していることを強調するときには目盛線を取って、あっさりしたグラフに加工しよう。その方が成長性がより際立つ。単体の売上の伸びなどを示すときに、このテクニックは有効だ。

3▼2軸のグラフは作るな

パレート図の場合は2つの軸が必要なので例外だが、それ以外のグラフで2軸にするとどうしてもわかりにくくなる。できるだけ軸は一つに絞り込むこと。

4▼柱同士の間は線程度でいい

グラフで柱と柱の間に間隔があくと、間延びした印象を与える。柱は太く、間隔は狭く。その方がインパクトがある。

5▼縦軸は売上や費用を示し、横軸は時系列を示す

これはグラフを作成する際の基礎教養だ。縦軸には数字の増減を示す要素を入れ、時系列を取るなら必ず横軸にすること。

6▼縦横比に注意

成長性を示したいときには、横長のグラフより縦長、もしくは正方形に近いグラフの方がいい。自分が表したいメッセージを強調する縦横比を追求しよう。

7▼矢印を効果的に使用しよう

これはＥｘｃｅｌでも同様だが、成長している実態を示すときには矢印は効果的だ。

8▼目盛線やデータラベルなど無駄な要素はカットしよう

目盛線やデータラベルなどが標準で入っているからといって、そのまま安易に使用するのはやめよう。いったん見直して、必要なもの、そうでないものを選択し、不要な要素は思い切ってデリートしたい。

9▼変化を示すためには下部カットも

グラフの下の部分が長すぎると、変化がいまひとつ伝わりにくくなる。目的のためには、下部をカットし、わかりやすさを追求するに限る。

10▼グラフタイトルはパワーポイントで最終加工

タイトルは店でいえば看板と同じ。重要な役割を果たすので、パワーポイントで加工しよう。内容が伝わりやすく、インパクトのあるタイトルに加工してほしい。

11▼積み上げ棒グラフは内訳をつけると時系列推移を示すのに便利

ケーススタディ2で詳しく述べたが、積み上げ棒グラフは内訳で構成比を示しながら、時系列で並べると問題点を把握しやすい。ただし、内訳の要素は多くても5つまで。それ以上に増えると、何がどれぐらいなのかがわかりにくくなる。

12▼割合を示すときには100%の積み上げ棒グラフに

項目ごとの構成比を見たいときには、100%の積み上げ棒グラフに加工するといいだろう。このときも内訳の要素は最大5つまでと心しよう。

折れ線グラフ編

1 折れ線グラフが伝えるメッセージは絶対値よりも変化

折れ線グラフには折れ線グラフの特性がある。一番向いているのは変化を伝えるときだ。絶対値を示すなら棒グラフがいい。他社と比較して、当社がナンバーワンであるという実態を強調したいなら、折れ線グラフに加工する。競合状態の経年変化を示したいときに最適だ。

2 要素は5つまで

折れ線の要素はどんなに多くても5つまで。それ以上では読んでもらえない。6つ以上をグラフにしたいときには別々のグラフにすること。

3 目盛線は取ってあっさりと

折れ線グラフに目盛線がぎっちりと入っていると、見づらくなる。変化や傾向を示すのが折れ線グラフの目的であり、目盛線は特に必要ない。

4▼凡例は使わない

凡例は使わず、プロットエリア内に直書きした方がいい。凡例を見なくてもわかるグラフが理想だ。

5▼傾向を示す目的ならマーカーは不要

マーカーはデフォルトで入っているが、データ書式を選べばあっさりと取れる。目的に沿って要るもの、要らないものの取捨選択を心がけよう。

6▼最終的な数字を強調

最終的な数字を強調するとグラフの目的が伝わりやすい。自分は「このグラフで何を表したいのか」は常に意識しておきたい。

7▼線は太すぎず細すぎず、見やすい太さを追求する

自社の数字を表す折れ線は太く、他社は細くといった具合に、メリハリをつけよう。すべて同じ太さでは何を言いたいのかがわからない。

8▼色を使い分けよう

世の中には、「同じような系統の色でグラフをまとめましょう」と提案する本がたくさん出ているが、折れ線グラフははっきりと違った色で分けないと、どれが何の要素なのかがわかりづらい。違いがわかるのが一番だ。

積み上げ棒グラフの場合も、系統の違う色を採用しよう。上品なグラフを作ることも大事だが、もっと大事なのは目的に沿ったグラフに仕上げること。折れ線グラフの場合はとくに、系統の違う色を使ってわかりやすさを追求したい。

9▼縦横比に注意し、メッセージは横に

棒グラフと同じように、成長していることを伝えたいなら横長のグラフは禁物。メッセージをグラフの下に入れると寸詰まりになるので横に入れ、バランスの良い縦横比を考えたい。

10▼場合によっては下部を切る

これも棒グラフと同じコツだ。成長を示すためには下部を切ることも考える。

円グラフ編

1▼円グラフは現状把握の役に立つ

円グラフが伝えるメッセージは、円全体の面積によるサイズ感とその中の内訳表示だ。現状を伝えることには役立つものの、将来を示す要素はない。トレンドを表すのには向いていないグラフである。実はソフトバンクでは円グラフはほとんど使わない。本当に比較をしようとするなら棒グラフの方がシンプルでわかりやすい。

2▼時計回りに多い順に配置しよう

円グラフの内訳は多い順に時計回りに配置するのが一般的だが、実は日本以外ではそうではない。構成比の大きな要素が時計の12時から3時までの間に配置され、2番めに多い要素が11時の方向に配置されることもよくあることは知っておきたい。

3▼色はあっさりと仕上げる

角度と面積で中身を理解できるので、色は折れ線グラフのようにはっきりとした色を使う必要は特にない。むしろ、あっさりとした色でまとめた方が見やすくなる。

4▼内訳表示で2つの円グラフを並べるのはやめよう

内訳を示した円グラフを2つ並べると、パッと見たときにわかりづらい。というのは、面積比率のイメージが混乱してしまうからだ。もしどうしても内訳を比較させたいのなら棒グラフを使おう。

5▼要素は5つぐらいまで

棒グラフや折れ線グラフ同様、要素は多くても5つまで。それ以上になると細切れのショートケーキのようになり、わかりづらい。小さいものは「その他」としてまとめ、「その他」の内訳がわかる別の円グラフを作った方がいい。

6▼円グラフをいくつか並べるときは半径ではなく面積でサイズを決める

円グラフを作成するのに手間がかかるのはこのためだ。円の面積でサイズが決まるので、πｒ（半径）の二乗を逆算して円の半径を求める必要がある。適当にサイズを決めてはいけない。

表組み編

1▼可能な限り使わない

使わないですむなら表組みは使わないのがベスト。すべてグラフに加工した方がいい。ソフトバンクの2015年3月期第1四半期決算資料は68ページあるが、表組みはわずか2点のみ。表組みは読み込まないと内容がわからないのが最大の欠点である。

2▼5段ごとに罫線を入れる

罫線だらけの表組みは読みづらい。グレイアウトを交互にしたら、5段ごとに罫線を入れる形の方が見やすさは格段に上だ。

3▼列の見出しは中央に揃える

細かいことだが、列の見出しは中央に揃えよう。左端に寄った場合と比較すると、見やすさが断然違う。

【著者紹介】
三木雄信（みき　たけのぶ）
1972年、福岡県生まれ。東京大学経済学部経営学科卒。三菱地所(株)を経てソフトバンク(株)に入社。27歳で同社社長室長に就任。孫正義氏のもとで「ナスダック・ジャパン市場開設」「日本債券信用銀行（現・あおぞら銀行）の買収案件」「Yahoo!BB事業立ち上げ」などにプロジェクトマネージャーとして関わる。2006年にはジャパン・フラッグシップ・プロジェクト(株)を設立し、同社代表取締役社長に就任。シード段階のベンチャー企業から上場企業まで投資すると同時に社外取締役としてハンズオンで支援している。また日本年金機構では理事（非常勤）として年金記録問題の解決にあたった。

世界のトップを10秒で納得させる資料の法則
2015年5月14日　第1刷発行
2015年7月27日　第5刷発行

著　者――三木雄信
発行者――山縣裕一郎
発行所――東洋経済新報社
〒103-8345　東京都中央区日本橋本石町 1-2-1
電話＝東洋経済コールセンター　03(5605)7021
http://toyokeizai.net/

装　丁……………………石間　淳
印刷・製本………………リーブルテック
編集担当…………………清末真司

Printed in Japan　ISBN 978-4-492-04568-8